U0073611

江澤民其人。

連環畫集

原著◎大紀元編輯部

改編◎孟圓 / 屠龍　　繪畫◎佟舟 / 齊祥 / 孟圓

鳴謝

作為這部作品的策劃人，看到它能夠克服重重困難，順利的出版，心中充滿感恩。

首先，感謝博大出版社的支持和工作人員的出色工作。除了出版相關的工作外，他們還提出了很多寶貴的意見，讓這部作品更加完善並適合出版。

感謝參與創作的佟舟、齊祥、孟圓等幾位優秀的畫家。他們的生活和工作環境十分艱苦，佟舟不得不在速食廳中作畫，齊祥家也發生變故。他們堅持不懈，精心創作，謙虛耐心，反復修改，對畫稿的品質精益求精。

感謝《大紀元》報社為讀者寫出了《江澤民其人》這樣一部優秀的作品。也感謝所有為了這部作品面世默默無聞努力工作的人們。

十分榮幸能參與這部作品的創作出版工作，和這麼多優秀的人合作，不僅成就了這部作品，更看到他們閃光的人格，讓我受益良多。

屠龍、孟圓
二零一一年五月

江澤民其人　連環畫集
目錄

第一節 江澤民的漢奸賊父

當日軍侵佔南京時，他正在用其父賣國的錢讀書……

江澤民的爺爺江石溪，棄醫從商後，從黃山江村遷居到揚州城。江石溪子女七人；江澤民的父親江世俊是老大。江澤民有一姐江澤芬，江澤民是長子，妹妹江澤南（澤蘭），弟弟江澤寬。

1940年11月漢奸汪精衛的日偽政府成立後，從部長到辦事員，需要一整套人馬及後備人才，於是無恥文人、忘義商人、賦閑政客、舊日官僚蜂擁而上，江世俊就是在這時投奔南京的。

江世俊擔任偽政府宣傳部副部長兼社論委員會主任委員，是偽政府《中華日報》主筆——著名的漢奸作家胡蘭成的得力部下。他怕有朝一日抗戰勝利承擔罪責，改名「江冠千」。

江世俊主持偽中央漢奸政府的宣傳部日常工作，他把全部的心血研究用於法西斯宣傳上。他悉心研究納粹的宣傳手段，學習宣傳技巧和電機知識。

江世俊策劃了「大東亞聖戰太平洋戰績展」，利用聲光演示日美之間的空戰和海戰，宣揚日軍武士道侵略精神，以及「天照大神」保佑的「武運長久」，讓觀眾以為侵華日軍不可戰勝。

江世俊為了讓中國人從傳統禮制上承認日本侵略者的合法性，年年舉行祭孔大典，表演「八佾舞於庭」，按照《禮記》王制，豬、牛、羊三牲作為「太牢」祭後分割送給日偽政府部、局級官員。

江世俊還利用中國民俗形式搞親日宣傳，給中國百姓洗腦，利用佛教文化「盂蘭盆會」，大放河燈，妄圖使南京市民沉醉於「太平盛世」，忘卻屠殺之恨。

負責日偽宣傳部的江世俊為了轉移中國民眾對侵華日軍的刻骨仇恨，創編兒童歌曲，編造連環畫《英美侵華史》，對兒童灌輸對英美的仇視，歌頌「大東亞共榮圈」，抹煞日軍侵略中國、屠殺中國人民的罪行。

江世俊按侵華日軍需要篡改歷史，策劃了以林則徐禁煙為主題的電影《萬古流芳》，高金聘請名導演、明星出演，煽動國人仇視正在幫助中國抵抗日本侵略的英美兩國。

為了讓長子江澤民將來出人頭地，江世俊不但送他去學費不菲的揚州中學，還送他去南京的汪精衛偽政府辦的偽中央大學讀書。當時在日本佔領區的中國百姓連溫飽都不能保證，他卻用賊父賣國的錢上貴族學校。

江世俊還花重金從小就送江澤民去學彈鋼琴。江澤民不但能彈能拉，又歌又舞，還會京戲、越劇。後來他出訪為外國領導人彈琴，在外國領導人面前用隨身帶的小梳子梳頭，都是那時向戲子老師學成的習慣。

江世俊每日「公務繁忙」，但是還總花時間對江澤民「諄諄教導」。江澤民早熟，還天生一肚子壞水兒，學習賊父這套系列麻醉洗腦技術，一說即通，一點就會。

中國人民受苦受難，連生計都難以維持，江澤民這位闊少卻花著賊父做漢奸換來的大錢，下酒肆，逛窯子。他喜歡秦淮河畔的花柳繁華，溫柔富貴。直到當了中共黨魁，還念念不忘侵華日軍捧紅的「帝國之花」李香蘭。

後來江澤民喊著統一臺灣出賣國土，藉弘揚民族文化破壞傳統道德，粉飾太平，讓國民忘卻中共對中國人民的虐殺迫害。他煽動極端民族主義來維護中共統治，實際卻不顧全世界華人的死活，實乃與其父一脈相承。

第二節　子承父業當漢奸

侵華日軍間諜總頭目土肥原賢二曾是他的上司⋯⋯

侵華日軍間諜總頭目土肥原賢二的得力助手丁默村創辦日偽南京大學青年幹訓班，從高級官員子弟中選拔培養特務，用來監視抗日思想或行為，發現蛛絲馬跡，就予以逮捕消滅。

江澤民的賊父江世俊在漢奸汪精衛的日偽政府擔任偽政府宣傳部副部長兼社論委員會主任委員，深知唯有特工人員出身才能得到侵華日軍的特殊信任與重用，於是見縫插針，力薦長子江澤民參加了第四期青年幹訓班。

為了從思想上控制特工人員，青年幹訓班除業務技術科目外，也上政治課。所有特工均禁止信奉正神。無神論的祖師爺——宣佈「上帝死亡」的尼采邪說被當作時髦的「先進文化」，成了特工精神訓練的重要教材。

在青年幹訓班，江澤民除免費外，還有特殊津貼。手頭寬裕的他腐化很早，常與趨炎附勢的狐朋狗友徜徉花街柳巷，出手闊綽。因此在江澤民任電子工業部部長時，第一次出差美國就熟練地嫖妓。

青年幹部培訓班的學員結業後，都直接送入日偽中央大學。江澤民選擇了電機系，因其賊父江世俊曾在「大東亞聖戰展覽」上利用電機技能宣揚日本軍國主義，江澤民對此感到好奇與新鮮。

日軍戰敗投降。江世俊感到大難就在眼前，於是他把為日偽政府服務時所用的化名「江冠千」丟掉，跑回老家鄉下隱姓埋名了一段時間，搖身一變，又成了商人、工程師、文學愛好者「江世俊」。

1945年9月26日，國民黨政府要對日軍侵華時的淪陷區公立專科以上的在校學生進行甄審，調查日軍和漢奸政府留下的特務和有漢奸罪行的人。日偽漢奸江澤民為了逃避甄審，倉惶離校逃跑。

沒有了特務經費，江澤民饑寒交迫。他逃到江西永新棉花坪，流落街頭，被當地一位農民收留了半年多。當了中共黨魁後，他曾特意去永新看了一下棉花坪。隨行人員都想不明白他為什麼熟悉這樣一個小地方。

被家人接走之前，江澤民在那位農民家的一本舊醫書上寫下如果今後他發達了，一定回來看看之類的話，並且簽下了自己的名字。1997年，那位農民的後人找到了那本舊醫書，大吃一驚，告訴了尉建行的親戚。

抗日期間中共邪黨為了奪權，不顧國難當頭，在國統區到處煽動工人學生運動，破壞抗戰。抗戰勝利，它又煽動反對國民政府甄審漢奸的學生運動，製造社會動亂。此時，江澤民正躲著，焦急地盼望著甄審結束。

後來偽中央大學併入上海交通大學，江澤民回校上課。江說1943年參加了中共地下黨組織的學生運動，但在侵華日軍佔領區學校裏只有學生自發的地下反日抗日鬥爭活動，根本沒有中共地下黨領導的學生運動。

江畢業後於1948年在京滬杭警備司令部第一糧秣廠任動力科技術工程師。該廠屬國民黨嚴格控制的軍工企業，對工作人員的審查極為嚴厲。江澤民一直夾著尾巴做人，生怕人問起他的漢奸家庭和歷史。

江進該廠時，該廠還是美資海寧洋行下屬的食品工廠，同年被國民黨聯勤總部收購。江澤民對這段為美國人和國民黨服務的歷史很避諱。中共中央提供的簡歷裏這段歷史是空白。

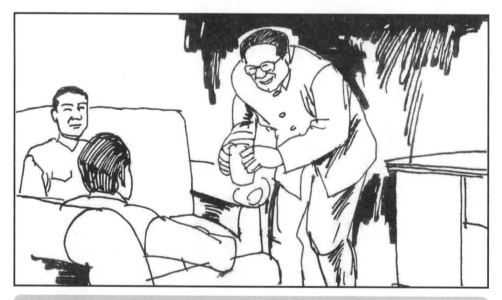

侵華日軍青年幹部培訓班的漢奸成員在日軍投降後紛紛逃散，很多人成了中共邪黨的保衛部門的業餘教員。江澤民後來以特工手段，耍弄了土八路中一切新老對手，最終爬到中共黨魁的高位。

第三節　石榴裙下當間諜

他向俄國割讓領土，變態的親熱，原來有鮮為人知的內幕……

1949年江澤民所在的國民黨軍工廠改名為益民食品一廠。汪道涵去工廠視察工作，他曾經是江澤民六叔江上青下屬。漢奸江世俊的長子江澤民立即冒充自己是「江上青的養子」，讓汪道涵誤以為見到故人，很感慨。

汪道涵感念舊情，決定提拔江澤民。江澤民攻心成功，由益民食品廠工程師調任上海肥皂廠副廠長，再調任一機部上海第二設計分局電器專業科長，1954年11月調往長春第一汽車製造廠。

1955年3月江澤民與12名技術員同赴莫斯科培訓。江澤民發現蘇聯的歷史整個是按史達林的利益篡改的。史達林通過個人崇拜，鎮壓欺騙人民一直執政到死，這些手段江澤民銘記在心，反復思考和玩味。

江澤民為了拉各方面關係，到處吹拉彈唱、講笑話、出風頭。當時正是中蘇關係開始惡化的一年，雙方都在對方國家中培養間諜。蘇聯KGB（又譯克格勃）間諜組織看出他受過高等教育，家庭背景一定不一般，開始秘密調查。

奇怪的是江澤民的漢奸家史中共從沒追查過，原因是中共很愛那場侵華戰爭。
盧山會議毛澤東親口說，中共當時就是配合日軍夾擊抗日軍民。如果沒有日本
皇軍侵略大半個中國，中共就奪取不了政權。

1945年蘇聯紅軍進入東北，搜到日軍在華特務總頭目土肥原賢二的全部特工系
統檔案，包括培養特務的青年幹訓班的文字及照片檔案，有江的資料。正好大
漢奸李士群正在蘇聯避難，確認江澤民曾是其中的漢奸。

KGB派出色情間諜克拉娃引誘江澤民；江澤民一頭紮進美女的懷抱。兩情相悅之際，克拉娃在江耳邊輕聲說出江的漢奸上司李士群的名字，嚇得江六神無主。

蘇聯KGB特務機構乘機要脅江澤民加入KGB，負責收集中共留蘇學生及中國大陸各種情報。KGB給了江一筆錢，並許諾不洩漏他的漢奸歷史，他在回國前可以與克拉娃風流快活。

史達林（又譯斯大林）死後，蘇聯百姓才從赫魯雪夫的《秘密報告》中得知史達林屠殺了上千萬蘇聯人，怒不可遏，大街上到處都是撕碎的史達林像和被砸毀的史達林銅像。這使江澤民懂得暴露真相的可怕。

中共害怕中國人會從蘇聯打倒史達林聯想到對毛澤東的個人崇拜。除了外交使節，留在蘇聯的人員全被調回國。如果江澤民從來沒有想過他執政採用什麼辦法維持政權，蘇共給他上了一課。

江澤民回國後，繼續為KGB效力。蘇聯當局也信守承諾，未重蹈史達林出賣中共東北頭子、蘇聯間諜高崗的覆轍，沒有暴露江澤民的蘇聯間諜身份。

蘇聯解體後，江澤民怕暴露KGB身份，無論是對葉爾欽（又譯葉利欽），還是對曾做過KGB最高頭目的普亭（又譯普京），任何一個微妙的暗示，都足以讓他幾天睡不著覺。所以蘇聯解體，江澤民的賣國熱情卻依舊不減當年。

1991年5月，江澤民出訪蘇聯。《人民日報》曾說在江訪問原來的汽車製造廠時，見到當年和他在一起的職工熱淚盈眶，實際是一個女人見到他就叫：「親愛的江啊！」此人正是克拉娃。

蘇聯特工安排江澤民與老情人舊夢重溫，江回國後就簽署了中國和俄羅斯《勘分東段邊界敘述議定書》，無償割讓中國領土上百萬平方公里。當時江澤民沒有想到，幾個月後地球上第一個共產黨國家一夜之間轟然倒塌。

第一節　強認乾爹成「遺孤」

他到處宣揚自己是「烈士遺孤」，
卻被為他立傳的班子查出了掩蓋的黑幕……

江澤民六叔江上青比他僅大15歲，當年當「共匪」時被土匪用亂槍打死。留下了與江上青同歲的遺孀王者蘭，大女兒江澤玲、二女兒江澤慧。

為了能夠往上爬，江澤民偷偷把江上青的名字添在了「父親」欄中，說自己從小就過繼給了叔叔做兒子。就這麼壯著膽，掩蓋了南京偽政府漢奸江世俊家「漢奸狗崽子」的出身，變成了「革命烈士子弟」。

此後，他往窮困的寡婦六孃家走動得勤了，手裏總不忘拎著點讓母女都驚喜的禮物，江澤民謊報出身對王家母女有利無害，所以她們就睜一隻眼閉一隻眼了。

江澤民善於鑽營，便時常搜尋、打聽哪位高幹曾和江上青認識，以便巴結。江澤民聽說國務院副總理張愛萍和江上青是朋友，愛好書法，就有了一個投其所好的主意。

一次會議結束，張愛萍忽聽身後有人喊道：「張副總理！」國家進出口管委會副主任江澤民問道：「您還記得江上青嗎？他是我的養父！」張愛萍震驚得半天沒回過神兒來。

江澤民假借「為江上青墓立新碑」的理由向張愛萍將軍求字。這一舉動既讓王者蘭母女三人感動，又使張愛萍承認了江上青「養子」的名份。

抗戰初期，也就是所謂的「國共合作」時期，江上青曾經是汪道涵的頂頭上司，負責安徽國民黨的地方政府及地方武裝統戰工作，提拔過汪道涵。江澤民得知這個關係後抓住不放，一口一個「恩師」。

因為汪道涵的竭力推薦，江澤民當上了上海市長。但後來江手握黨、政、軍大權之後，去上海接見這個、會見那個，就是不理汪道涵，被上海人大罵「良心被狗吃了」。

他還曾經拐彎抹角地巴結趙紫陽不成，就醜態百出地巴結趙紫陽的秘書，和洪學智套磁認老鄉。見什麼人說什麼話，這已經成為江澤民闖蕩官場的最大特點。

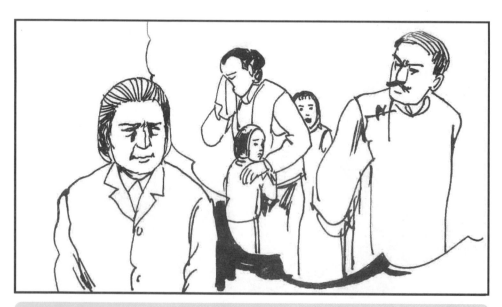

江澤慧說：江上青去世後她家「連吃的都沒有」。可見當年江的漢奸父親怕受「共匪」六弟的牽連，從未接濟過他家，更不可能無故違背社會倫理傳統和子嗣繼承規矩把長子長孫江澤民過繼給他。

江澤民想為自己樹碑立傳，可是卻被自己成立的寫作組調查出篡改出身，他驚恐萬狀，利用手中的權力大篇幅反復述說自己是在13歲時過繼給了死人江上青和只比他大十幾歲的王者蘭。此地無銀三百兩。

在江澤民的授意下，其親信廣東省委書記李長春在《廣東支部生活》上刊登一篇文章，大談江澤民的「過繼」問題，發行了近兩百萬冊，超過當時發行最紅火的《南方都市報》兩倍。

中共十六大上，為江澤民漂白出身有功的李長春被選進了中央政治局常委。漢奸生父江世俊悉心栽培的江澤民就這樣成了「烈士遺孤」！

一年後，2003年11月29日，根據「中央治理黨政部門報刊散濫和利用職權發行工作協調領導小組」辦公室的意見，《廣東支部生活》被宣佈停刊。

第二節　架著綠帽回上海

好色的他卻總帶糟糠之妻，但對妻子又不尊重，
原來其妻也是他的政治籌碼⋯⋯

王冶坪畢業於上海外國語學院，是江澤民六叔江上青的妻子王者蘭的侄女。江澤民從日偽中央大學轉到上海交通大學，去過王家並有點喜歡她，但兩人沒真當回事。1949年共產黨要得天下，江澤民趕緊追求王冶坪。

江世俊認為江上青是「共匪」，從不接濟王者蘭一家。王者蘭見江澤民正和王冶坪談戀愛，哪知他是為了當「烈士遺孤」，還以為他和漢奸爸爸不一樣，很贊同這門親事。1949年12月，江澤民就火速地和王冶坪結婚了。

1956年江澤民從蘇聯回到長春第一汽車製造廠，不久，王冶坪和兩個兒子也從上海搬到長春。他先當科長，後當副處長兼黨支書。但江澤民最拿手的職責不是攻克技術難關，而是陪同各類代表團參觀工廠。

客裏空：蘇聯1942年劇本《前線》中的一個記者角色，他不上前線，只呆在指揮部裏捏造新聞，極盡吹噓之能事。後引伸為歪曲事實、吹牛拍馬的人。

同事們譏諷他一個洋外號：「客裏空」。江澤民有個本事，按照東北人的說法是「賊能侃賊能唱」，功夫都長在嘴皮子上。在工廠裏，江澤民與蘇聯專家關係最融洽，在「俄羅斯民歌」上達到了高度統一。

1958年毛澤東發起的「大躍進」，說假話大話到了登峰造極的地步，僅僅半年全國各地就報告「研製出二百多種汽車」，還採用了各種「先進技術」，使中國汽車達到「世界先進水準」。

在那些達到「世界先進水準」的汽車裏，就包括長春一汽「創造」的「木製氣泵、竹木車身」的汽車新產品。江澤民當然知道這沒有什麼真用處，但是他知道必須這樣做才能和黨保持一致，繼續向上爬。

大躍進帶來的是經濟災難和可怕的大饑荒。1959年到1961年約三年間，大約有兩千萬到五千萬中國人因饑餓喪生。很多饑荒嚴重地區出現了易子相食的人間慘劇，甚至整戶整村的人被餓死。

1959年初，江澤民騙人對了黨的胃口，成了分廠廠長。所以「客裏空」一家不但沒挨餓，生活還相當不錯。但王冶坪並不愉快，埋怨江澤民害得全家調到這冰天雪地的地方，愛美的王冶坪總要裹著厚棉襖、棉褲。

另外江澤民從蘇聯回來後，總是懷念美女間諜克拉娃，下了班就去和蘇聯專家
唱歌跳舞。王冶坪一個人照顧兩個孩子，感到了他的外心，尤其江澤民對在蘇
聯的生活總是支支吾吾，這讓王越發懷疑，常常一肚子怨氣。

她對江澤民的懷疑不好對別人講，有次實在忍不住對廠長傾訴出來。現在大家
說王冶坪難看得像貓頭鷹，但在長春上班時曾是廠裏三枝花之一。在廠長的寬
慰下，王冶坪終於找到了平衡心理的辦法──紅杏出牆。

江澤民戴綠帽子的事很快傳開了，可事發後王冶坪依然我行我素，成了當時汽車製造廠很多人茶餘飯後閒扯的笑柄。江澤民假裝聽不見，但夫妻倆回家就吵翻了天。

本來江澤民捨不得離開大上海，他來長春是從長遠打算，想藉汪道涵的提拔迂迴升遷。他就藉「貓頭鷹」紅杏出牆的機會找到汪道涵，死活要調離長春。理由是「人家都知道我戴了綠帽子，讓我怎麼再開展工作？」

汪道涵對提拔過自己的江上青的「養子」深表同情，1962年，把江澤民調回上海，任一機部上海電器科學研究所副所長。下屬見江是汪副部長親自過問，格外照顧，分配給江一套寬大敞亮的兩室一廳。

此事上江澤民更體會到「權」就是「利」，更重視討好汪，仕途非常順利。江澤民不但慶幸江上青當過共產黨的官，更慶幸他死得早，否則以江上青和江世俊的關係，又怎麼會照顧他這個「漢奸狗崽子」呢？

第二章 投機鑽營
第三節 溜鬚拍馬吹牛皮

當各種政治運動頻繁爆發、好人遭殃時，他卻平步青雲⋯⋯

1966年，江澤民40歲，到了所謂不惑之年。「文化大革命」開始了，毛澤東為了把黨內丟失的獨裁大權從劉少奇等人手中奪回來，發動學生和基層工人起來「造反奪權」，一時間幾乎所有的「當權派」都被衝擊。

江澤民被任命為一機部新成立的武漢熱工機械所所長代黨委書記，成了十三級高幹，是「當權派」。他嚇得夠嗆，怕自己在揭批中日偽時期的醜事被調查出來。他先到北京後回上海住了幾周聽風聲，囑咐王冶坪不要亂說。

王冶坪出了個主意，讓他故意在小事上做得差一點，把造反派的注意力轉移到無關政治大局的小事上來。因為武漢熱機所新成立，各地調來的人員相處時間太短，人們提不出什麼東西來批判，江因此沒有被觸及。

江澤民採用了小事全承認，大事不含糊的態度。群眾批判他工作不踏實，只會吹牛皮，他就自我檢討「大家說的對，我是江牛皮」。

江澤民從小受揚州戲子的薰陶，口袋裏總裝著把梳子，不管人前人後時不時地拿出來梳頭，女裡女氣的自我感覺良好。在批判「走資派」時，群眾指出江澤民是「小梳子，大腦袋」、「資產階級作風」，他也趕緊認了。

2003年江澤民在人大會議期間會見湖北代表團時說：「造反派問我最怕什麼？我說最怕毛主席。就為了這句話，我被批鬥了三天。」心裏沒鬼，怕毛主席幹什麼？當時的人們愛還愛不過來呢！

那時候「政審」（政治審查）人員到處搞內查外調，幾十年前的陳年爛穀子的事都被翻出來了。江澤民始終沒有被打倒的原因是他有金字招牌「革命烈士遺孤」──「烈士」已死，無從對證，調查的人也就到此為止。

中共九大以後，「烈士遺孤」江澤民很快通過了政治審查，被送到「五七幹校」勞動鍛鍊，緊接著在1970年被調回北京一機部任外事局副局長，被重新起用。

當時中共在國際上非常孤立，美蘇兩個超級大國都成了它的危險敵人。中蘇兩個共產黨國家發生邊界衝突，在邊境上還打了幾場狠架。它使勁拉攏一些共黨小國以擺脫孤立的地位。

中共決定派人幫助羅馬尼亞的工業建設。周恩來接見小組成員。周是中共黨內的不倒翁，歷次政治鬥爭他都暗中參與，表面謙謙君子，內裏殘忍。陰險毒辣的周恩來對江澤民很欣賞，選他為技術小組組長。

1972年回國以後，江被任命為一機部的外事局局長，待了八年。這是個「油水部門」。江守在這個位子上，時不時地從國外給領導「捎點」好東西，上下討好，左右逢源。大兒子江綿恒也靠這些得以進了復旦大學。

那段時間裏，汪道涵曾十分落魄。江明白，以汪道涵的資歷和身份，一朝東山再起不可限量，所以還是儘量巴結，從羅馬尼亞回來立刻趕到汪家，送上剛帶回的奶粉、糖果之類，令汪全家大開「洋葷」。

江澤民傳記寫作組沒有找到任何江的功績。大家都說，不能說江澤民工作不努力，不積極，相反他跟形勢，跟領導非常緊。某司長的夫人說，其丈夫生前曾講過，江澤民這個人三分成績，他能說成是十分。

江澤民工作平平，無善可陳，卻常常研究《官場現形記》，深刻懂得在中共治下，只有善於鑽營、吹牛拍馬，才能左右逢源、官運亨通。在歷次政治運動中，他造謠誣陷，總是整別人。

第四節　見風使舵順杆爬

文革結束後，在文革中得意的他還在步步高升……

1976年中國發生了唐山大地震，死了幾十萬人。周恩來、朱德和毛澤東三位中共巨頭接連過世。9月，毛的屍骨未寒，被托孤的葉劍英與汪東興和華國鋒聯手，發動了一場宮廷政變。那一年江澤民50歲。

中共黨的副主席王洪文、政治局常委張春橋、政治局委員江青和姚文元被逮捕。江青雖然是毛的遺孀，但是在毛澤東路線的旗幟下，老婆江青和姪子毛遠新成了階下囚，正應了那句話，「中共的領導人都沒有好下場」。

「四人幫」在上海的勢力較強，為了對上海更好地進行控制、接管，中央工作組進駐上海。江澤民因其有上海的工作經歷，被臨時抽調來作了組員，隨隊進駐上海。

駐滬三萬餘軍人乘數百輛大卡車，在上海市區遊行，齊聲高呼「打倒四人幫」。被壓抑了多年的上海人民，在大學生的帶動下，走上街頭歡呼打倒「四人幫」。

上海百姓對中央工作組很歡迎，讓江澤民受寵若驚。他戀戀不捨回到了北京，繼續擔任一機部外事局局長。這次手握尚方寶劍的經歷和人見人求的得意滋味，對江來說太上癮了。他決心一定要往上爬，做個人上人。

江澤民也不是回回都能押對了寶，他沒有想到鄧小平會復出，在「批鄧、反擊右傾翻案風」運動中有過緊跟形勢的激烈批鄧言論，差點被劃到「三種人」裏面去，仕途受挫，在一機部都混不下去了。

1979年，國家進出口和外國投資委員會成立，谷牧任主任，汪道涵是副主任之一。1980年，汪道涵去上海當市長前，向谷牧力薦江澤民。江澤民峰迴路轉，當上了進出口和外國投資委員會的副主任，副部級。

當時改革派和保守派的鬥爭還很激烈，江澤民見風使舵，忽左忽右。胡耀邦的秘書阮銘回憶江澤民說，他「講了許多比較空洞的話」，「講一些模棱兩可的話。給我感覺他比較官僚，善於投機」。

江澤民最後時刻看出是改革派占上風，而沒有押錯了寶。利用江上青的關係，在汪道涵和張愛萍的提攜下，1982年3月，56歲的江澤民出任電子工業部部長，並在同年的中共十二大上成為中央委員。

江澤民工作並不用心，卻下大功夫去和各級領導人拉關係，與太子黨們混得很熟。他隨身揣著一個小本兒，裏面記著對他有價值的領導人和他們七大姑八大姨的生日、愛好等等，沒事兒就掏出來複習。

藉著工作之便，江澤民常常親自將大彩電等高級進口電器送到高幹們家中，在那些核心層的政治元老們面前，江澤民甚至會單腿跪地把電視頻道調好。因此，那些元老們都說「此人工作很踏實」。

1989年江澤民初去鄧小平家，搶著給小太子黨倒水。給鄧小平拿拖鞋的醜事至今還是太子黨們飯桌上消遣的話題。

江澤民在電子工業部的幾年間，並無大建樹，倒是傳出了不少風聞。80年代訪問美國時，也曾溜到拉斯維加斯的紅燈區去看脫衣舞、嫖娼，回來用的是公款報銷。當時一般高級領導人還不敢如此出圈兒。

在江澤民手握黨政軍大權的十幾年中，中國極其「娼盛」，江核心帶著貪官污吏們妰情婦、包二奶，脫衣舞氾濫全國各地成了「先進」文化。有民謠說，「男的不嫖娼，對不起黨中央；女的不賣淫，對不起江澤民」。

第一節　小試強權　大打出手

1986年民主學潮時，他冒充改革派與學生對話，實質卻秋後算帳……

上海市委書記陳國棟和上海市長汪道涵，曾是江澤民六叔江上青的老部下，深得江上青提攜之恩。為了報答這個人情，大力推薦冒充「江上青養子」的江澤民為上海市長。

1985年中共執行物價闖關。江澤民剛到上海時，日用品價格上漲百分之十七，引發了巨大的社會不滿和學潮。因為胡耀邦主政，改革派占上風，江澤民佯裝改革派對一萬多名師生發表演講，學生們聽信了他的謊話。

當時中國民主萌芽，中國科大副校長方勵之從美國普林斯頓大學進修後回國，發表了一系列演講提倡民主理念。當時在同屬中華民族的臺灣，第一個反對黨「民主進步黨」成立，十四年後這個黨在大選中獲勝執政。

1986年底，科大黨委不准許學生與官方指定的候選人進行人大代表競選，直接引發學潮，席捲全國。上海的學生要求與江澤民對話，呼籲進行民主和政治改革。

江澤民故技重施，帶著上海市委宣傳部長陳至立去學校發表演講。他戴著老花鏡，攤開一張紙，大談「經濟五年計劃的成果」的陳詞濫調，引得學生們噓聲一片，開始喊口號。

江澤民指著那個噓得最響的學生聲色俱厲的說：「你噓我是沒有用的，我告訴你大風大浪我見得多了！你叫什麼名字？你敢上臺來嗎？你敢上來講嗎？」

沒想到這一下十幾名學生紛紛上臺，拿著麥克風談他們的民主觀點，和江澤民面對面理論。最讓江澤民大驚失色的是，他們竟然質問到一個極其敏感的問題：「你是如何當上市長的？」

江一邊尷尬地賠著笑，一邊後退到講臺邊上，趁著大家沒有注意，讓陪他一起去交大的陳至立把每一個上臺的學生都用照相機照下來，以便秋後算帳。

江澤民等學生們講完了，又裝出一副對民主瞭解頗多的樣子，背頌頭天晚上強記下來的美國憲法開篇部份和林肯演講，滔滔不絕地闡述什麼民主要以黨的領導為前提，再也沒有把話筒給學生們。

學生們情緒激動地和江澤民對峙。江兩腿發軟，謊稱有外事活動，慌忙逃離會場。出門時一頭撞在半開的門上，流了很多血。江顧不上包紮，用手捂著額頭鑽進汽車。這個笑話在學生中流傳了很長時間。

江澤民一回到辦公室，就親自打電話給上海交大的黨委書記何友聲，讓他到陳至立那裏去取下午發言的學生相片，一定要找出這些學生的姓名和所在班級。

江澤民和學生對話的第二天，學生們湧上街頭遊行集會，要求繼續與江澤民對話。江緊急調遣2000名警察強行抓捕、疏散學生。學生們一哄而散。江澤民嘗到了強權的重要和武裝鎮壓的甜頭。

那些被陳至立拍下照片的學生不是同一年級的,畢業時間不同,身為市長的江澤民竟然一直追蹤那些學生,利用中國大學的畢業分配制度,把他們一個不落的都分配到窮苦邊遠地區才算完。

江澤民關閉所有學生社團和刊物,除了舞會不許搞學生集體活動,用聲色犬馬轉移學生對民主和人權的關心,使學生只知享樂,不問國事。因此1989年學潮其他院校的學生都遊行時,上海交大的學生還在天天開舞會。

第二節 欺下媚上 妒嫉同僚

在上海任職期間，他搜刮百姓去向中共大老獻媚，
對想搞經濟的同僚百般排擠……

1985年江澤民上任上海市長，為了自己的政績不顧百姓死活，1986年上繳國稅125億元，是廣東的50倍。結果上海發生了「菜籃子」危機，當全國市場豐富時，上海許多東西還要憑票購買。

上海是幾位中共大老每年過冬必去的地方，包括可以左右黨中央的陳雲和左右國務院的李先念。他們都是保守派，江澤民是個鐵桿的保守派，畢恭畢敬地伺候陳、李。

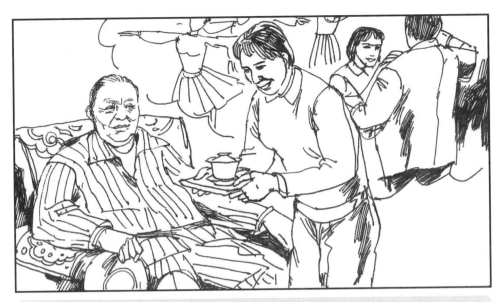

中共中央一級的領導生活作風絕大多數很腐敗，當年有個所謂中南海文工團，把一群美女關在中南海專門陪毛、周等尋歡作樂。李先念也不例外，他在上海有個「二奶」，是個護士，還給他生了個兒子。

陳雲、李先念和鄧小平矛盾很大，可江澤民也不敢得罪鄧。胡耀邦的改革理念與保守派格格不入，保守派早想動他，但胡有鄧小平支持。

1986年的學潮落幕，鄧小平發表了〈旗幟鮮明地反對資產階級自由化〉反對胡耀邦，其中有直接針對上海的說法。江澤民覺得這是一個好機會，表白自己和中央保持完全一致。

恰好李先念來上海過冬，江本想問胡的事，一起吃飯時李卻提到要過生日了。江澤民不關心人民的菜籃子，可卻熟記這幾位大老的生日。心裏納悶：李的生日明明是1909年6月23日，怎麼這時過起生日來了？

江澤民醒悟這一定是李在上海的二奶或私生子過生日，不敢怠慢。回家後趕緊
買了個大生日蛋糕，悄悄摸回李的住處。恰逢李在接見別人，他只穿著一件薄
大衣站在雪地裏等了四個小時才訕訕離去。

李先念的訪客走後，警衛把江澤民買的蛋糕送進去，並說江在外面恭恭敬敬站
了數小時之久。李感動得不行，連說：「小江不錯，現在這種人很少啦！」因
為照顧周到，以至於有傳聞說江是李的女婿。

1987年，胡耀邦被迫辭職。胡要為老百姓說話，就會威脅到中共專制。而逢迎拍馬、兩面三刀、鎮壓民眾毫不手軟的江澤民是共產黨最需要的，因此便漸漸地成了黨內大老們注意的對象。

胡耀邦下臺後，上海市委書記芮杏文終於被擠走了。芮是改革派，和江澤民因為工作問題鬧得不可開交。為了擺平矛盾，趙紫陽任命芮杏文到中央去做書記處書記，連一屆市委書記都沒有做滿。

江澤民馬屁拍得山響，可把上海整得一團糟，鄧小平不得不緊急派「經濟沙皇」朱鎔基到上海收拾殘局，讓江任市委書記。朱很有才幹，個人魅力十足，很受鄧的器重。

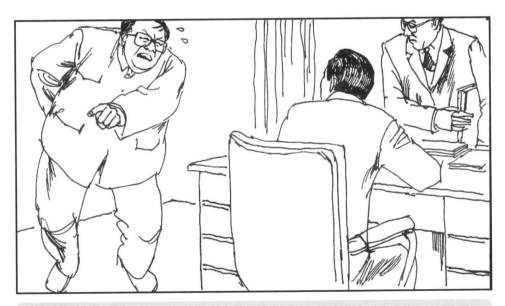

朱鎔基到上海後工作成效很大，上海人民的生活得以改善，大獲人心。江澤民非常妒忌，就常挑些人事關係之類的雞毛蒜皮的小事找機會嚴厲訓斥朱鎔基，使朱鎔基非常委屈。

但不管把上海搞得怎樣糟糕，1987年11月中共十三屆一中全會上，善走上層路線的江澤民還是從中央委員升任中央政治局委員，進入到中共最高權力機構。

1992年朱鎔基成為中央政治局常委，進入中國最高領導層。1998年，朱鎔基擔任了中國第五任總理。那時不學無術的江澤民已經擔任總書記、國家主席和軍委主席多年了。

第三章　小肚雞腸

第三節　控制喉舌 封殺媒體

媒體只能做他的馴服奴僕，否則就看看1989年
《世界經濟導報》悼念胡耀邦的後果……

江澤民正事做不了，但吹的功夫卻是一流，自然深知媒體的重要。在上海發行的報刊很多都是全國性的，很可能會被中央的大老們看到。所以江把工作重點放在輿論宣傳上，宣傳部門也要挑選自己的嫡系人馬。

江澤民幾乎像是一個偏執狂般地關注媒體，他代替市委宣傳部和市裏所有主要媒體的高級編輯開會。歷任市長從無此先例，不過這卻成了江的一個例行的主要工作。

江澤民在一次記者會中炫耀他的英文，不恰當的使用英文辭彙「Faces」代表「面貌」一詞。當《解放日報》第二天負責地將「Faces」用「面貌」代替，以便使老百姓人人看得懂時，江澤民卻大發脾氣。

江澤民喜歡做秀，上海新客站是江主抓的面子工程。附近的水管破裂，一年都沒人管；他親自過問，當天就修好了。記者許錦根在《人民日報》上為此發表文章批評他做秀而忽略全局。

江暴跳如雷，專門開會批判《解放日報》的記者許錦根和他的上司，隨後對有關媒體進行整頓，一大批說實話的總編、領導被撤換掉。從此以後，上海媒體再也不敢點評江澤民。

1989年中國國內矛盾尖銳，胡耀邦逝世，引發了八九學潮。全國各地學生紛紛舉行大規模集會、遊行、請願等，呼籲政府整治腐敗，促進政治改革，使國家走向民主和法治的道路。

4月22日上午，胡耀邦的追悼會在人民大會堂召開。儀式由楊尚昆主席主持，中國大部分高級領導人都參加了。江澤民一面在上海反對悼念胡耀邦，一邊送去花圈以示「悼念」。

《世界經濟導報》的創辦人及主編欽本立是一位70多歲很受編輯尊重的老知識份子。這個刊物宣導民主思想，在三十多萬高層次讀者中信譽很高，在全國性的討論定調方面影響力極大。

《世界經濟導報》準備開闢專欄悼念胡耀邦。主編欽本立認為悼念文章應有實質的東西，而不是一般的哀悼之詞。江澤民趕忙派市委副書記曾慶紅、市委宣傳部長陳至立去阻止，遭到欽本立的拒絕。

江澤民還搬出了《導報》的名譽理事長汪道涵。江澤民聲色俱厲地要欽本立刪節一些內容，汪也搬出黨性原則來壓欽本立，而此時十幾萬份報紙都已發出去了。《導報》編輯們贏得了海內外無數正義之士的支持。

4月26日《人民日報》發表社論〈必須旗幟鮮明地反對動亂〉後，江澤民在有一萬四千名黨員參加的大型集會上宣佈停止欽本立的領導職務。

4月27日，江澤民派劉吉、陳至立負責的「上海市委整頓領導小組」進駐《導報》。整起人來不比江手軟的陳至立對江澤民言聽計從。她遣散《導報》員工，還特別下禁令不許《導報》的編輯再做記者。

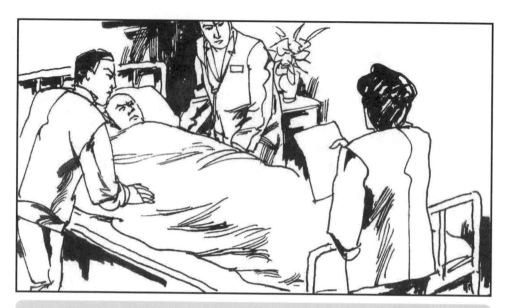

欽本立癌症晚期起不來床時，江澤民的親信陳至立笑瞇瞇的去了病房，大聲宣讀了對欽本立的黨紀處份。她不但要刺激這位70歲的老人早些死，還要他死也不得安寧。

中共政權缺乏合法性，不像民選政府可依法平穩完成權力交接。因此如何維持獨裁統治，尋找合格的總書記就成了重要課題。江澤民對《導報》事件的整個處理過程，使黨內大老們感到這才是「接班人」。

第一節　六四屠城　兒皇登基

他第一個支持鎮壓學運，他直接參與策劃屠殺，
他踩著學生的血肉坐上皇位，成為「六四」最大的獲利人……

1989年4月25日，中共將學生們要求民主反腐敗的學生運動定性為「動亂」，學生們強烈不滿。5月13日，學生開始在天安門廣場絕食，要求收回《人民日報》的社論，要求對話，各界群眾也都支持學生。

陳雲和李先念中意的江澤民，指使奸頭陳至立逆民意查封《世界經濟導報》，引發了市民大規模示威。趙紫陽認為這「是上海市委挑起的，就應當由上海市委來結束」。趙公然點名江澤民，讓幾位黨內大老怒火中燒。

江很害怕，他惶恐地打電話給中共組織部副部長李銳，探聽北京的虛實。姘頭陳至立對江說有事她一個人頂著。通過關係，他打聽到中共大老們對學運態度與趙不同，此時才放下心來。

中共決定血腥鎮壓學生。趙紫陽身為中共黨魁也無力阻止，無奈之下孤身一人含淚到天安門看望了絕食的學生。兩個小時後，國務院總理李鵬宣佈天安門廣場實施戒嚴。

江澤民一直等著這一刻。凌晨2時李鵬剛講完話，江就以明傳電報表態堅決支持。這個表態走在所有中共官員的前面，就像給李先念的二奶送蛋糕，江澤民的這個大動作讓黨內大老們找到了可靠的接班人。

1989年5月21日，江澤民被鄧小平秘密召往北京。江忐忑不安地來到西山。不料會見中，鄧小平讚揚了江澤民對《導報》事件的處理，並說上海市接待戈巴契夫的工作做得比北京好。江澤民這才鬆了口氣。

鄧小平授意江截住奉命出訪加拿大提前回國的人大委員長萬里。他們耍了個花招讓萬里乘坐的飛機在上海降落，江負責逼迫萬里同意大老們的主張，否則不讓他回北京主持討論戒嚴合法性的人大會議。

江澤民明白這件天大的事是中共對他的一次考驗，也是他仕途的轉捩點。懷揣「鄧的親筆信」，江在上海軟禁了萬里，逼迫他在5月27日表態支持北京的戒嚴，為「六四」屠城掃清了最後一個障礙。

5月27日，鄧小平召來八位元老開會，決定總書記人選。鄧小平本來提名喬石和李瑞環，但是陳雲、李先念和薄一波力推江澤民。李先念說，江澤民雖然缺乏中央工作的經驗，但他「黨性強」。

5月30日，江奉命秘密進京。陳雲說小平讓他代替紫陽。他又到侍奉多年的李先念那裏，李說：「決定是小平同志的意思，會找你再談。」江澤民牢記曾慶紅的建議，做出一副洗耳恭聽的樣子，只簡短回答問題。

江澤民回到休息室後，馬上往上海打了三個電話。第一個打給曾慶紅：「看來我回不來了。」曾問：「你不是去兩三天就回來嗎？」江說：「我就要在這裏工作，你明天馬上來一趟。」

第二個電話是打給原上海市長汪道涵請他關照；第三個電話是打給他的夫人王冶坪讓她準備來京，王沒有表態。晚八時，李鵬、姚依林等在人大會堂裏客氣地宴請江澤民。江澤民真恍如在夢中。

雖然軍隊進城一再拖延，但大局已定。江澤民作為新任總書記從5月底就已經開始批閱文件了。6月1日北京屠城有了新部署，6月3日夜裏，中共的野戰軍用機槍、坦克鎮壓了手無寸鐵的學生和群眾。

江澤民是「六四」鎮壓的最關鍵的參與者之一和最大獲利者，為此他寢食難安，怕有人給「六四」翻案，給趙紫陽翻案。2002年江卸去總書記和國家主席職務時，特意給政治局常委規定不許給「六四」翻案。

第二節 兩面三刀 目無小平

他藉著「六四」上臺，屁股還沒坐熱，
就跟扶植自己上臺的太上皇鬧起矛盾⋯⋯

當年江澤民剛進北京被鄧小平召進鄧府時，一臉謙卑，侷促不安，因為來巴結鄧的人太多了，在場的人根本沒拿他當回事。鄧小平笑著向大家介紹了這是總書記，在座的人依然不為所動，不以為然。

江澤民進北京後想盡辦法能夠進出鄧府。因為人脈不熟，所以江進了鄧家門無論誰都不得罪。哪怕是個孩子，江都畢恭畢敬地讓道。這種過份的討好讓小孩子高興，讓警衛和燒鍋爐的害怕，也讓很多人感到反胃。

鄧小平煙癮大，護士常提醒他少抽煙。江澤民不抽煙卻在口袋裏準備好打火機，隨時麻利地為鄧點煙，他常常衝到護士或警衛員前頭去倒水或拎起拖鞋，讓護士既錯愕又氣憤，這些都成了太子黨們津津樂道的話題。

波斯灣戰爭後，鄧小平認為全面改革開放，從經濟入手與美國抗衡已迫在眉睫。江澤民卻認為自己好容易爬上來就不能再下去，越開放老百姓越難控制，所以堅決反對改革。

鄧小平後悔輕率聽信陳雲、李先念的話讓保守的江澤民當總書記。論資歷、才幹、人脈江都遠遠不及他人，很多黨內外人士認為江只是個過渡性人物。為了推動改革，鄧完全把江排斥在外，自己去物色合適的人選。

鄧小平去上海考察朱鎔基，覺得他是中共高層少有的實幹家，懂經濟、有魄力，所以力排眾議把他提拔為副總理。鄧還支持改革派發表了很多文章，推動改革。

江澤民一邊派人調查鄧小平在上海的言行，一邊在北京遊說中共其他元老，尋找能夠制約鄧的人，甚至利用《人民日報》等媒體批判改革。鄧知道後非常不滿，準備廢了江澤民，讓喬石上臺，讓趙紫陽復出。

1992年，鄧小平以88歲的高齡在夫人、女兒和老朋友國家主席楊尚昆的陪同下，進行了「南巡」，並在深圳發表了長篇演講，以老邁之軀推動停止轉動的改革開放車輪。

1992年3月，中共中央書記處書記、中央軍委秘書長兼總政治部主任楊白冰代表軍隊表態：「為改革開放保駕護航。」全國各地的報刊也都紛紛刊載小平的「南巡講話」。

形勢急轉直下。1992年6月9日，江澤民在喬石和大批軍警的簇擁下進了黨校禮堂，被迫表示支持鄧小平的南巡講話。雖沒有誠意，但是表面上江澤民已經老實多了。人們都說他是被喬石押送來的。

1992年6月，江澤民的大靠山李先念病死，江的位子岌岌可危。他越想越怕，寢食難安，偷偷去找鄧小平，做了「深刻」檢討，眼含熱淚表明誓死緊跟鄧小平，把改革開放進行到底。

以江澤民的小肚雞腸，這件事並不算完。江澤民和曾慶紅不僅在1998年下毒害死了楊尚昆，並且一直想把楊白冰置於死地而後快。他一方面妒忌楊氏兄弟的功勞，另一方面要把改革的功勞搶到自己手中。

江澤民非常妒忌喬石和朱鎔基。他後來常常收集朱的材料，不管是不是朱鎔基的責任，逮著機會就壓制、排擠和打擊。江把喬石看成了冤家對頭，鄧小平死後，以年齡為限逼迫比自己年輕的喬石下臺。

江澤民記恨鄧小平想撤自己，又給安排了一個接班人。在鄧死後，江整治鄧家，連燒鍋爐的、警衛員一干人都沒有放過。2001年8月22日鄧小平97歲冥誕紀念日，江竟然下令不准刊登紀念鄧小平的文章。

第三節　離間鄧楊 逃過一劫

楊氏兄第一心要為改革護航，和改革的倡導者鄧小平
屬軍中同一派系，保守的江澤民為保權開始動用心機……

小平南巡後，江澤民地位不穩。他的搭檔曾慶紅為他出謀劃策。曾慶紅的爸爸曾山以前是內政部長，母親是延安保育院院長。曾是太子黨的頭兒，深諳權術，想利用昏庸的江澤民攝政。

曾慶紅給江澤民分析：楊氏兄弟、喬石、萬里、田紀雲、李瑞環等人都是政敵。楊尚昆取笑江一摸槍就哆嗦，不知射擊是什麼滋味。楊氏兄弟有軍權和鄧的信任，因而動他們最難，但他們都是軍人，不懂政治權謀。

江的最大威脅是掌握軍權的楊氏兄弟。二野出身的鄧小平當軍委主席時，重用
自己派系裏的楊氏兄弟。為發展經濟，鄧小平指示「軍隊要忍」，楊尚昆兄弟
忠實執行。中共軍中派別矛盾指向楊家。

1992年8月鄧小平住院。楊白冰召聚了高級將領46人在北京開會討論江是否勝
任軍委主席，如果鄧去世軍隊如何繼續為改革保駕護航。江澤民聽說後又氣又
怕，曾慶紅分析首先應對付楊家。

楊尚昆反對「六四」開槍。江抓住這個隔閡，這次會議後一邊向外面散佈謠
言，一邊向病中的鄧小平多次告「御狀」，說楊氏兄弟要奪鄧的權。鄧派人探
聽，果然聽到江散佈的謠言，使楊氏兄弟失去了鄧的信任。

鄧小平晚年深居簡出，深受其子女的影響。曾慶紅指使太子黨俞正聲和劉京與
鄧朴方大談「楊家將」的危險，要提防他們，並親自和鄧朴方會面，強調江澤
民忠於鄧小平，有能力，只是被楊氏兄弟架空，無法施展。

中共十四大各級領導班子進行選拔。楊白冰列出了提拔100名中高級將領的名單，交給劉華清和楊尚昆批准之後，然後交給江澤民審核批准。江扣而不批楊白冰列出的名單。

針對鄧小平的「六四」心病，曾慶紅拿出了楊白冰的「100人名單」，對鄧樸方說，楊家的勢力過大，要在軍隊奪權。還說趙紫陽復出就會與楊尚昆聯合，對鄧小平秋後算帳。

江澤民、曾慶紅通過多方管道把針對楊家的謠言傳到了鄧小平的耳朵裏。鄧覺得問題嚴重，尤其是經過了這一場病，為防止「六四」等被翻案，死後被鞭屍，要安排後事。鄧小平中了江和曾的陰謀毒計。

江澤民拉攏軍中反楊勢力，向鄧小平打小報告，也一連串表示要效忠。在多方壓力下，鄧小平放棄了撤換江澤民之意。他接受江的建議，廢除了楊氏兄弟的軍權，舉薦劉華清、張震等老軍頭輔佐江澤民執掌軍權。

鄧小平仍深感江澤民靠不住。中共十四大上，鄧出人意外地給江澤民安排了接班人——四十九歲的胡錦濤。給接班人安排接班人，在中共歷史上是前所未有的。

鄧小平老謀深算，但是這次卻栽在小輩江澤民和曾慶紅的身上，中了兩人的陰謀詭計。從此以後，親密無間的鄧、楊兩家斷絕了來往，鄧小平和楊尚昆之間60年的友情在中共殘酷內鬥中付之東流。

鄧小平砍掉胡耀邦、趙紫陽、楊氏兄弟後，等於是自毀長城，在黨內和軍隊中失去了最有力的助手。年事已高的劉華清顯然在政治鬥爭中不是江澤民和曾慶紅的對手。改革派徹底失敗。

江澤民和曾慶紅陰謀得逞，打倒了楊氏兄弟，坐穩了總書記的位子。二人膽子和野心急劇膨脹，更熱衷於耍詭計，以散佈假情報和整黑材料，在中共高層恐嚇、拉攏和打擊異己，使得很多人又怕又恨，敢怒不敢言。

第四章 小人得志
第四節 滅王倒陳 搶灘北京

要幹大事，必先掌控北京，江坐穩了位子後開始收拾異己……

十四屆四中全會江總算坐穩了位子，開始收拾異己。要幹大事必須先掌控北京。如果不能把北京衛戍區、北京市委市政府和中央警衛團的權力牢牢抓在手裏，中共的最高領導人就毫無安全感可言。

江澤民要想控制北京，最大障礙就是陳希同。陳與鄧小平關係非常好，在「六四」問題上敢做敢當。陳在京當市長和市委書記期間，成功舉辦了亞運會，打通了二環路和三環路，北京市的面貌改觀很多。

江澤民任人唯親。當了兒皇帝之後，凡是跟著趙紫陽的人馬都遭到了江不遺餘力的清洗。為保住皇位和自己的威信，江高舉「反和平演變」的大旗，對於改革派以及與趙紫陽關係密切的人進行整肅。

政治局常委胡啟立因為「六四」隨趙紫陽下臺，但陳希同對他並不避諱。有一次陳秘密陪胡啟立與萬里在首都賓館會面被日本記者撞見，江得到消息又氣又怕，害怕鄧小平從新啟用胡。

陳支持鄧小平改革，常和江澤民相左。一次鄧視察首鋼，講話中說誰不聽他的話就下臺。江大驚失色，責怪陳不預先告訴他鄧要視察首鋼。陳說中央辦公廳應該自己去瞭解鄧的日程，這個軟釘子讓江澤民惱怒不已。

陳希同自認為保江山有功，看到江投機成了總書記，心裏不平，加上個人矛盾，在1995年初聯合了七個省委，給鄧小平寫聯名信舉報江澤民。鄧轉手把信交給薄一波，想讓他看一看他推薦的江澤民是個什麼貨色。

薄一波是整人能手，在高層裏口碑甚差。看到陳希同這封檢舉信，薄暗自高興抓住了江的把柄，因為這就等於抓住了江的權力，可以好好利用和要脅江，為兒子薄熙來和親信等加官晉爵。

薄一波把陳希同的舉報信給江澤民看，江嚇得一身冷汗，哀求薄在鄧小平面前為他美言，保住自己總書記的職位。薄表示盡力而為，並授意江要把陳希同搞倒，可以先從陳的周圍下手。

中共太子黨都鑽政策空子發大財，而此時元老們年事已高，漸漸失去權力。江
澤民假意舉起「反腐敗」的大旗。太子黨為了躲過公、檢、法和中紀委的大
刀，就不得不向江澤民表示效忠。

江澤民「反腐敗」的另一個功用是消除異己。1995年，首鋼前董事長周冠五因
經濟問題下臺，其子周北方被捕入獄。這一連串的行動弄得鄧小平都不得不考
慮自己的家人以後會不會挨整。

1995年，北京市秘書集團受賄案被曝光。江澤民派特工暗殺了北京市副市長王寶森，誣陷他是因為經濟問題自殺的，同時順藤摸瓜，開始整肅陳希同。

江澤民費了九牛二虎之力，最後搞出的陳希同腐敗證據價值人民幣「55.5萬餘元」——這對於政治局委員這個級別的領導人來說，實在算不了什麼，甚至可以說相當「清廉」。陳希同為此被判有期徒刑16年鋃鐺入獄。

待「反腐」告一段落，政敵清理完畢，空出一些位子的時候，江澤民讓江綿恒、江綿康兩兄弟以及自己的七大姑、八大姨和八竿子內打得著的親戚們拾遺補缺，鞏固自己的政治基礎。

2003年底，陳希同因為患膀胱癌而保外就醫。他寫了五萬字的申訴書，指控江澤民對他的政治迫害，以及江的兒子貪污1500萬的事實。可見中共的腐敗早已深入每一細胞。中共「反腐敗」是為了權力鬥爭。

第五節 小平去世 喬石下台

熬到了鄧婆婆去世，逼退了看出他底細的喬石，
掛著兩滴鱷魚淚，他總算成了「江核心」……

整倒了楊尚昆等人，坐穩了位子的江澤民常和曾慶紅研究如何進一步站穩腳跟，他們安排自己人馬搶奪地盤，全方位收買人心，不效忠自己的就採用「反腐敗」的辦法清除。

不過，只要鄧小平還活著，江澤民就心存顧忌。1996年12月，多年身患帕金森氏症的鄧小平，因病情加重，住進了醫院。江澤民焦急的等了兩個月，終於等到了1997年2月19日21時08分鄧病逝。

在鄧小平遺體告別儀式上，江澤民裝腔作勢發言時，儘量讓自己的聲音顯得悲切。為增強效果，江澤民特意擠出了眼淚。那張江澤民抹眼淚的圖片，到今天還時不時地被人拿出來當笑料。

小平去世後，江澤民第一件事就是搞掉喬石。喬石1924年十六歲時加入中共，一直負責中共上海的地下工作。中共建政後，喬從基層做起，一直做到政治局常委。這經歷就連楊尚昆、薄一波等都無法相比。

江澤民坐穩了總書記位置後，為了提高自己的資歷，篡改自己的漢奸歷史，說1943年起參加上海地下黨領導的學生運動，1946年4月加入中國共產黨，使熟悉上海學生運動的喬石對江更加厭惡和憤怒。

論資歷、才幹，江澤民無法和喬石並列，心裏不由對喬石充滿忌恨。鄧過世後，江認為大家應該向「江核心」靠近才對，而喬石似乎不買江的帳，看見不對的該指責還指責，該批評還批評。這讓江憤恨不已。

「河姆渡遺址博物館」是全國重點文物保護單位。1992年江澤民去參觀，看到題詞是喬石寫的，臉沉得很厲害。博物館領導很害怕，藉口博物館整理後重新對外開放，把喬石的題詞換成了江澤民的題詞。

江澤民認為彭真是喬石的最大政治靠山。1997年4月26日，彭真去世，江澤民大大地鬆了一口氣。1998年下半年，以喬石為首的老幹部向江提交了調查法輪功的報告，提到「法輪功於國於民有百利而無一害」。

江澤民再次與薄一波做交易，要薄向喬石施壓，以70歲為死線逼退喬石，而71歲的江卻仍留在「核心」的位置上。之後江對薄一波的兒子薄熙來「關照」有加，使他成了江迫害法輪功的死黨。

喬石答應全退，條件是讓尉健行當中紀委書記，田紀雲保持人大副委員長職務。喬全退給江十五大人事安排鋪平了道路，此屆光新任的中央委員就高達56％。他們都是通過江總書記及其親信考查、核准的。

退休前，喬石、李瑞環和萬里等人在不同場合、不約而同地公開透露，胡錦濤為第四代核心是鄧小平和中共大老們以及中央政治局常委、政治局委員的組織決定。

喬石在退休之前的一連串動作，使得江澤民只能在鄧小平所建立的遊戲規則下運轉。江澤民不敢不高舉鄧小平的旗幟。如果江澤民要廢黜胡錦濤，就等於是背叛鄧小平的旨意。

江澤民以70歲為藉口逼退喬石，但喬石也提出建立一套「七十而退」的規則。五年之後，江澤民不得不面對這個規則帶來的下臺壓力。貪戀權勢的江澤民坑了喬石一把，但最終自己也嘗到了苦果。

薄一波還給江澤民出主意說：黨指揮槍，政治局常委裏不能有軍人。從十五大開始，軍人被擋在政治局常委之外。頭上沒了婆婆，心上又拔掉了釘子，江感覺自己終於當了個名符其實的「核心」。

第六節 貪官肅貪 借刀殺人

中國第一貪官江澤民利用遠華大案整肅了一批「貪官」，
可有涉案人員照樣升官，他用心何在？……

江澤民的最大「貢獻」是在共產黨統治中第一次實現了「貪官治國」。具有諷刺意味的是，「貪官治國」下的貪官們高舉的「反貪」大旗比誰都高。

「遠華案」的主角是廈門遠華集團董事長賴昌星。1994年遠華集團成立，從事走私五年，走私貨物530億元，逃漏稅300億元，合計830億元，被稱為中共建政以來「第一大走私案」。

到了2000年，案情被基本查清。六百多名涉案人員被審查，近三百人被追究了刑事責任。可是2001年還沒有結案時，就已有幾人被判處死刑並已執行，這是為了掩蓋證據殺人滅口。

江澤民藉機打擊異己，趁機收拾了沒拿自己當回事的姬鵬飛和劉華清。這兩個人在各自的領域裏人脈都非常深，也都沒拿江澤民當回事。因為江確實平庸無能，樣樣不通，兩位老人自然不尊重欽定的「核心」。

姬鵬飛曾是中共外事系統實權派，也曾是接管香港的首腦人物。歷任國務院副總理、國務委員、港澳辦主任、人大副委員長、中顧委常委，權高位重。

姬勝德是中共元老姬鵬飛的獨子，是總參情報部常務副部長，和賴昌星私交非常好，而劉華清的女兒是他的下級。姬勝德看不起江澤民。

1999年3月中旬，江澤民通知姬勝德回北京參加軍委擴大會議。姬勝德趕到會場一看，發現氣氛不對勁，無人跟他打招呼，接著就被抓起來了，當時大有判死刑之勢。

正在北京香山養老的姬鵬飛曾先後四次寫信給江澤民等，請求寬恕獨子姬勝德，免其一死，但遭到拒絕。姬鵬飛絕望之下於2000年2月10日13時52分服安眠藥自殺身亡。

被關在總參監護所的姬勝德參加完父親葬禮後，感覺前途更加無望，於8月13日用牙刷柄割脈，並吞服70多片利眠寧（安眠藥），但自殺未遂。

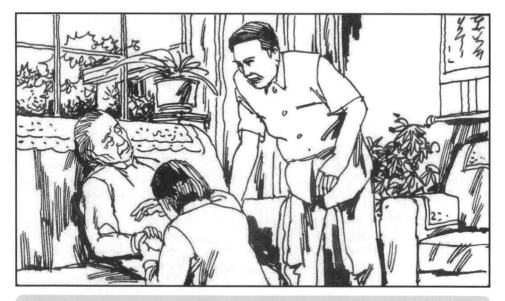

姬勝德母親許寒冰以元老與遺孀身份為兒子爭得死緩。江澤民拒絕了姬勝德保外就醫的要求，還不准他母親定期探望。許悲憤難抑，吞安眠藥自殺被搶救了過來。

劉華清是鄧小平給江澤民在軍委裏找的保姆。劉華清在政治局會議上經常指著江澤民的鼻子教訓他，亂提拔將軍的江當然不肯要人整天給他做什麼指導。

曾慶紅曾經對劉華清說：你反對江主席，咱們奈何不了你，但是把你兒媳、老婆、子女抓起來是綽綽有餘。

小女兒劉超英和二兒媳鄭莉是劉華清最疼的兩個人。因為她們被捕的事，劉華清寢食難安，老著臉皮親自打電話給江澤民講情，江接電話後沒有說一個字就放下了電話，嘴角浮起一絲得意與輕蔑。

遠華案的另一個主要人物是江澤民的親信賈慶林，時任福建省委書記和福建省人大常委會主任。他的太太林幼芳在中國外貿集團福建省總公司任黨委書記，與遠華撇不清關係。

當時江澤民剛打倒了陳希同，急調賈慶林到北京當市長。為了洗刷與遠華案的關係，2000年江澤民讓賈慶林與夫人林幼芳離婚，用來表明賈已「劃清界線」。

臨近人大、政協「兩會」召開，被江澤民內定為十屆政協主席的賈慶林，迫於壓力以書面形式正式要求辭職，與妻子返回家鄉「休養」，被江澤民嚴詞拒絕。江說：你要下臺了，我就完了。

北京市委歡送市委書記賈慶林晉升的宴會上，賈悶頭一杯杯地灌五糧液嘟囔著：「不是我賈慶林要高升……」直到醉倒。在十六大會議上，賈慶林坐在主席臺上愁眉苦臉。做了江家幫就身不由己。

儘管江澤民把賈慶林塞進中共最高權力機構，但遠華案始終是賈永遠揮之不去的陰影。賈和遠華案的關係，也成為中共腐敗政治的最大經典，成了江澤民反腐空話的最大諷刺。

第七節　謀害元老楊尚昆

楊尚昆反對「六四」開槍，要為改革護航，
處處與江相左，於是江澤民⋯⋯

江澤民利用楊尚昆節約軍隊開支、支持改革，與軍中其他派系形成的矛盾，以及楊反對「六四」開槍與鄧小平形成的內部矛盾，把楊尚昆整下臺。但江澤民和曾慶紅商量認為，楊留著終歸是個麻煩，但鄧小平活著時不宜動手。

1997年2月鄧小平去世後，92歲的楊尚昆身體並無大礙。他對江澤民在軍隊中亂提拔將軍、收買人心、打擊異己一直不滿，時常在老幹部聚會上數落江澤民。

1998年下半年的一天，在一次許多軍隊老幹部聚會上，楊尚昆又指責江澤民，並且說，現在這個軍委主席要再幹下去，軍隊就徹底毀了。曾慶紅到處佈置耳目，此話自然傳給了江澤民。

江澤民知道楊尚昆、楊白冰兄弟雖在中共十四大被奪去軍權，但是在軍隊中的影響力依然難以估計。江也知道自己進讒言把趙紫陽和楊尚昆踢下去，自己獨攬黨政軍大權的做法，招致很多人的不滿和怨恨。

如果這時，前軍委第一副主席和前國家主席楊尚昆真做個召集人討伐他，那江還真招架不了。雖然常有個薄一波給出出主意，但他畢竟不是軍人出身，沒有軍權。再則薄對胡耀邦落井下石的事，至今還讓不少人痛恨。

江澤民決定尋機除掉楊尚昆。2003年8月3日，新華社突然發出了一個奇怪的「舊聞」，說的是1996年冬，在中南海勤政殿裏，時任中共總書記、國家主席、軍委主席的江澤民主持召開了一次特殊的小型會議。

會議的主題是研究解放軍總醫院（301醫院）南樓病房溫濕度的改造。江澤民說，解放軍總醫院溫濕度問題不是小問題，而是大問題，因為這裏住著許多戎馬一生的開國元勳，一定要「關心好」、「照顧好」他們。

中共元老們大多都看不慣無德無能的江「戲子」，但是江拿他們毫無辦法。不過江澤民和曾慶紅看到，人老了總會有病，利用醫院可以討好住院的元老，又可把這些人的生死操控在自己的手中。

江澤民特別「關心」的解放軍總醫院很快就被派上了用場。1998秋，楊尚昆得了感冒，住進了完全被江澤民和曾慶紅控制的解放軍總醫院。

楊尚昆住院不長時間，於1998年9月14日凌晨1時17分，在醫院突然去世。俗話說，要想人不知，除非己莫為。民間盛傳，楊尚昆是被害死的，而楊的家人也要求中央調查楊尚昆的死因。

第五章 殘暴昏庸
第一節 為保權掩蓋六四真相

超出大眾的想像，他是「六四」屠城的決定者之一。
為了保住這個血腥的秘密，他⋯⋯

「六四」鎮壓之前，作為新任總書記江澤民從5月底就已經開始批閱文件。他不僅是「六四」最大的受益者，也是鎮壓最關鍵的參與者之一。每年這一天前後，人們都用大量的圖片和文章來奠祭死者，成了江無休止的噩夢。

江不會忘記趙紫陽「六四」前對自己的批評。趙不忍屠殺學生、憤然辭職的行為，更襯托出了江不光彩的發家史。所以江派人對趙家的監視控制，讓保衛部門的人都感到難以理解和不忍下手。

「六四」以後，全世界幾乎所有的新聞媒體都轉載了一張照片，一個叫王維林的青年赤手空拳隻身擋在行進的坦克前。國外媒體稱其為二十世紀英雄。江澤民對之惱恨不已，密令逮捕王，並秘密處決。

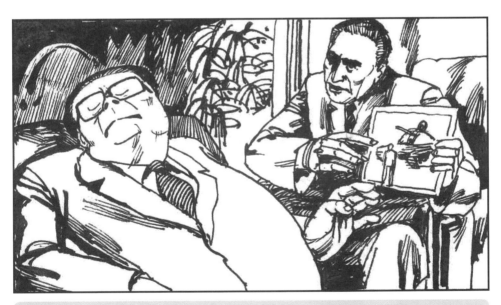

2000年，美國哥倫比亞廣播公司資深記者華萊士拿出照片問江澤民：「你是否佩服這名青年的勇氣？」江答非所問：「他絕沒有被捕。我不知道他目前在哪裏。」等於給了這個老牌記者答案。

「六四」事件中，另一位被海內外華人讚賞的英雄是38軍軍長徐勤先。徐軍長在「六四」事件中直接抗命，拒不服從向學生開槍的命令，也被軍委主席江澤民下令在軍事法庭秘密審判，並在監獄關押了五年。

「六四」後不久，在一次中外記者招待會上，一個法國記者問到因「六四」被捕的女研究生在四川監獄裏被輪姦之事，江澤民當眾脫口而出一句震驚全球的話：「她是罪有應得！」

江澤民目睹過漢奸父親採用欺騙宣傳，將南京大屠殺從民眾的記憶中漸漸淡化。江自己也下令在電視造謠，不惜焚燒部份軍車做假，來欺騙國人軍隊是不得已而開槍。許多民眾開始相信北京學生市民是「暴徒」。

江澤民又下令各單位清查參與「六四」、支持學生、反對鎮壓的人，鼓勵檢舉揭發，一一清算。謊言和恐懼加在一起，使很多民眾不再敢談論甚至回憶「六四」。

但坦克車追著人把人碾成肉醬，怎麼也解釋不了了，就要「闢謠」。中宣部一位目擊坦克壓人的博士生被拽到戒嚴部隊逼供。他堅持說：「我是黨員對黨要老實，我確實看到了。」結果被電棍電昏了多次。

折磨了幾次，最後博士生說：「沒看見。」這位博士生是中宣部培養的接班人，很受中共信任，而這次他真正見識了中共的「實事求是」。因為酷刑折磨，這個人身體精神都垮了。

北京體育學院理論系的應屆畢業生方政，被高速行駛的坦克車碾過並被拖行，
造成雙腿截肢。多年後，他保持多項遠南殘運會最好成績，卻因為這段背景，
被剝奪了參加遠南殘運會選拔賽的權利。

16年後，方政接受《大紀元》記者採訪時說：「……坦克壓到我的雙腿……我
就感覺到褲子被卷到履帶的鏈條上面，很緊很擠壓的感覺，只覺得身體咚咚咚
的在地下被往前拖……頭部、後背、肩部都被擦傷……」

「坦克車的履帶鏈條把我的腿撕拉掉了……我就從履帶上掉下來了……一個人躺在地下，雙腿被壓掉，靠在護欄下……我的雙下肢被截肢，右側截肢到大腿上部，左腿到膝蓋位置……」

對江澤民來說，重要的是要歪曲、淡化，最終扭曲全體國民對於「六四」的記憶，才能保證「六四」不翻案，保證他的最高權力地位。其間，江澤民練熟了宣傳和暴力等手段，後來用來鎮壓法輪功學員。

第二節　懼美親俄　買廢鐵

波斯灣戰爭、東歐巨變，讓靠屠殺百姓上臺的兒皇帝心神不寧，
欲攀附「紅色帝國」，卻⋯⋯

1990年，美伊之間爆發了波斯灣戰爭。以美國為首的多國聯盟在聯合國安理會授權下，對侵略科威特的伊拉克實施軍事打擊。

伊拉克的殘暴獨裁者海珊與中共一直來往密切。中共當時也處於「六四」之後的外交困境，不好公開支持。但在這次戰爭期間，中共的報紙充斥著人民戰爭、游擊戰等，期望美國陷入越戰那樣的泥潭。

「六四」屠城後，國際上對中國實施貿易禁運，中共陷於外交困境。面對這樣大的國際挑戰，江心慌了，不知怎麼處理。鄧小平給江解圍說：「少插嘴，不插手！」中共在聯合國對波斯灣戰爭的決議上投了棄權票。

現代化的多國部隊僅四十二天就取得了波斯灣戰爭的勝利。江澤民一籌莫展。東歐劇變，冷戰已趨近尾聲。民主化浪潮使蘇聯這個紅色帝國風雨飄搖。若西方社會對中共延續冷戰思維或實施軍事打擊，中共就會解體。

波斯灣戰爭強烈地震撼了鄧小平和中共高層，讓他們認識到以現代化高科技武器裝備軍隊的重要性。摸槍就哆嗦的江澤民神經裏還缺少這根弦，但在這種形式下又不得不有所作為。於是他求助於他的老東家蘇聯。

江澤民花鉅款向俄羅斯購買現役高性能武器系統，結果買回來的都是被淘汰的武器和性能落後需要清倉的裝備，戰機頻頻失事。7000萬元人民幣購買的俄航母「基輔號」，是卸光了所有先進設備的空廢鐵殼。

90年代以來，中共利用俄羅斯經濟的貧弱，以支付強勢貨幣的方式獲得技術專家的豐富經驗。約有1500名俄羅斯科學家和技術人員一直在為中共軍隊建設提供幫助。

1991年5月江澤民訪問蘇聯。不惜一切代價討好蘇聯，割讓相當於幾十個臺灣面積的中國領土。江澤民拒絕會見改革派重要人物葉爾欽，卻單獨會見了反對改革的蘇聯副總統亞納耶夫，希望蘇聯回到社會主義。

1991年年底，貌似強大的蘇聯共產黨，幾天之內就垮臺了，整個世界格局發生了巨大的變化。蘇共的解體強烈衝擊中共，嚴重地打擊中共的信心，讓中共看到了自己的明天。這令江澤民如坐針氈，極度不安。

在中央立足未穩的江澤民對中共前途也毫無信心。他帶話給還在美國讀書的長子江綿恒，建議江綿恒書可以慢慢去讀，畢業之後先在美國找個工作，在美國多盤桓幾年。

第三節 馬屁將軍 總動員

摸槍都害怕的江澤民為了扶植軍中勢力，
以軍銜收買人心，將軍數量與時俱進……

踏著「六四」血跡爬上來的江澤民充滿危機感。中央警衛部隊負責所有中央領導（包括人大正、副委員長，政協正、副主席）的警衛工作，因此江澤民一直希望安排一個鐵杆親信出任這一職務。

當時的中央警衛局局長楊德中資歷甚高，擔任過周恩來、胡耀邦和趙紫陽的保鏢。江澤民找不到什麼藉口把他拿掉，所以只好想盡辦法在周圍安插人馬。

原在總參警衛局任職的由喜貴，通過曾慶紅攀上了江澤民，對江極盡溜鬚拍馬之能事，討得江的歡心與信任。在江費盡心機的安排下，由喜貴被升為中央警衛團副團長，擔任楊德中的副手。

江澤民後來權力穩固後，打破中共的規矩，收買中央警衛局長楊德中，提他到「上將」然後勸退，由喜貴接任中央警衛局局長。2004年6月20日，在江澤民快下臺時，親信由喜貴也被授予上將軍銜警銜。

曾慶紅對這支隊伍尤其重視。他以「輪訓」為名，命令所有人必須參加政治學習，教育這些人不但要忠於黨，更要忠於「江核心」。由喜貴與曾慶紅配合，以保衛為名，在各個首長身邊安插監視特務人員。

江澤民處心積慮地監視其他中央領導，也擔心自己被監視，對誰都不放心。江澤民卸任總書記職位後，更乾脆以軍委主席的身份，親自兼任中央警衛局第一政委。

無德無能、沒有資歷的江澤民在1989年被任命為軍委主席。他不敢得罪軍方，除撥鉅款外，還用漢奸老爹教他的宣傳技能，拍了《大決戰》等歌頌解放軍的電影來討好軍方，也給「六四」後痛恨解放軍的老百姓洗腦。

江澤民急需在軍隊中培養親信成為他的代理人。1992年江視察濟南軍區，軍區司令員張萬年高喊「堅決擁護以江澤民為核心的黨中央和中央軍委」，讓江大喜過望，馬上調張到中央軍委任總參謀長。

1993年江澤民又給了張萬年一個上將軍銜。張當著江的面，指揮全體總參機關幹部合唱《槍桿子永遠聽黨指揮》。江聽了十分受用，張萬年的馬屁路線一擊奏效。後來人有樣學樣，也斬獲頗豐。

郭伯雄，原47軍軍長，少將軍銜。江到陝西視察，睡午覺時郭親自在門外站崗。江甚為滿意，調郭任北京軍區副司令，後連升三級，任軍委副主席，混了一副上將的肩章。

于永波處處對江澤民拍馬奉承，在1992年被江任命為總政治部主任，1993年也被冊封為上將。2001年初，江在中南海懷仁堂宴請高級將領，于在席間高呼「江主席萬歲」，一時被傳為笑談。

晉升軍銜成了江澤民拉攏關係的手段，一高興就封幾名上將助助興。在任期間江送出的上將就有79個，中將少將更是數以百計。這些人互相之間不服氣、打小報告，互設障礙、不予配合，妒忌、拆臺。

他們根本不把晉升軍銜當回事。在冊封儀式上，江只用一隻手頒發委任狀，非常不嚴肅，那些被冊封的人沒把這看成榮譽。這讓那些過去憑本事提升的德高望重的老將們十分憤怒。

江澤民最大的「建軍思想」，就是「講政治」，讓國家的人民軍隊永遠聽共黨的指揮，聽他的指揮。對於軍事指揮，江完全外行。他用人唯親，為收買人心亂封將軍，這些馬屁將軍帶的軍隊怎麼會打勝仗？

第五章 殘暴昏庸
第四節 軍隊走私 分贓火拼

為拉攏軍方，江當上軍隊走私的領路人，
再以禁私為名掌控軍隊，一時間軍中硝煙四起……

80年代中期，為補貼軍用，中共高層允許軍隊經商，「以軍養軍」。江澤民當上軍委主席後，為了收買人心控制軍權，放縱軍隊大肆經商，縱容軍隊腐敗。結果使軍匪一家，走私猖狂，情況一發不可收。

軍隊走私，是走私隊伍中的大戶。逃稅數以千億計，全未補貼軍用，八成以上進了軍中各級將領私人腰包。事情到江澤民那裏就被壓下了。軍隊的這些行為真使海盜、響馬、地方貪官望塵莫及。

2001年3月28日BBC消息，菲律賓國家安全顧問戈萊日表示，身兼二職的中國軍隊人員每年向菲律賓提供12億美元的「冰毒」。菲政府多次派代表去北京抗議江澤民領導下的軍隊走私毒品。

1998年7月26日，北海艦隊為走私油輪護航，在當年甲午海戰的海域遭遇緝私艇。海軍開炮造成87人傷亡。陣亡的13個冤魂當中，有一位姓鄧的，正是鄧世昌的嫡玄孫。

軍隊動用軍方氣象臺來服務，冒用總理簽字，蓋上軍委副主席大印冒領數十億資金。光1998年上半年，被軍隊開槍、開炮打死的海關緝私人員及公安武警、司法人員就有450人，打傷2200多人。

軍官們藉軍隊經商，乘機大撈特撈，以各種名目購買和裝修豪宅，買豪華車，到處旅遊，大吃大喝。1998年軍中幹部揮霍了相當於軍費預算兩倍的錢。

在「江核心」領導下，各級將官們加官和發財兩手都抓，兩手都硬，可是光用錢留不住人心，解決不了這些人的危機感。1998年有24名少將級以上軍官挾鉅款叛逃海外。

江害怕軍隊經商會給軍人帶來更大獨立性，不利於控制，同時軍隊經商已經嚴重破壞了經濟秩序。1998年7月，江澤民在朱鎔基的強烈建議下，終於宣佈禁止軍隊經商。這樣，軍隊不得不依靠江來撥款，聽令於江。

江澤民自己躲在幕後，讓政治局常委排名第五的胡錦濤出面來處理這件棘手的事情。萬一出事，正好順勢把胡錦濤是鄧小平欽定「第四代」領導人的名份拿掉。

撤銷了軍隊、武警、公安經辦的經濟實體後，原經濟實體的資產就在軍中瓜分了。已經鑽到錢眼兒裏的軍隊、武警為分錢、分贓，更頻繁爆發武鬥，用槍、用炮甚至動用裝甲車，拼個你死我活。

某倉庫主任將上級貪污的贓款雁過拔毛，被上級苦整。1998年4月5日，他趁營中無人到儲藏室放火報復，造成湖北咸寧的「空六五六基地」雷達站大爆炸，死傷一百二十多人，損失無數。

1996年，中國飛機存儲中心兩軍人，為參與經商所得贓款分配不均而爭吵，進而動用火器引發爆炸，81架飛機炸毀，90名軍人傷亡，直接軍事損失11億。中國只有5000架飛機，這一下損失1/60！

華東軍區屬下安徽省軍區，合肥市警備區和安徽省武警總隊，三方合夥經商，辦移交時分贓不均，引發三方在省軍區禮堂混戰，僅軍官就傷亡三十多名。

在中央軍委主席江澤民的領導和指揮下，「人民軍隊」的指戰員沒有死在保家衛國的戰場上，卻倒在了人為財死的烽火中。而這類事件幾乎遍及全國各省各地，無法一一細述。

第五節　聲色犬馬　腐敗治軍

為控制軍方，江縱容軍隊大辦供軍官享樂的樓堂館所，
用金錢堵住「老革命」的嘴……

江澤民的「建軍思想」，就是絕對地服從他的指揮。雖然軍費支出不斷增加，軍隊素質卻一直下降，達不到軍委的要求準則；軍中違紀違法事件高居不下，惡性事件（開小差、開槍等）不斷。

可是軍隊卻轟轟烈烈地大搞「軍官、幹部減肥運動」，還分級獎勵，減5公斤以上者獎1000至2000元；減7.5公斤以上者，獎2000至5000元；減10公斤或以上者，獎5000至10000元。

在江澤民的領導下，軍隊前所未有、前所未聞地大搞黃色產業，總參、總後、總政色情氾濫，沉溺於聲色犬馬之中。1995年僅總參三部屬下就有15間娛樂場，編制外招聘476名「六陪」女郎。

這些燈紅酒綠、尋歡作樂的場所，分三個檔次：特級、高級、次高級。特級、高級的配備醫務所，有高資歷的軍醫服務，還有急救醫療設備和救護車。特級俱樂部還配備有急救用的「直九」型直升機。

俱樂部、招待所、度假村等的興建，到了97年時達到高峰。特級的俱樂部、招待所、度假村等，全年每天24小時提供服務；高級、次高級的，一年365日，天天「客滿」。

這些地方內部設施都十分講究、豪華。「服務員」、「協理員」、「護理員」等工作人員，全部是未婚女青年，都經過「政審」挑選出來，再經過文化、文藝、禮儀、社交等培訓過的。

持不同證件進入這類俱樂部、招待所、度假村尋歡作樂，享受招待的等級、待遇是不同的：持永久證，即某俱樂部榮譽會員證者，吃喝玩樂只要簽字，不用支付分文。

軍方內部對這些供高官特權享受的燈紅酒綠場所，一直反應強烈。這種糜爛的風氣嚴重影響了軍隊的士氣。各俱樂部、招待所、度假村等更發生了女青年被姦污後自殺的事件。

2000年六中全會決議要改善黨風，中央下令查封、停辦以及整頓所有俱樂部、招待所和度假村。這些軍隊娛樂場所大多是90年代初江澤民當軍委主席後興建的。

軍方的洪學智、蕭克、廖漢生、楊成武、楊白冰等老將軍，對江澤民的腐敗治軍非常不滿。江澤民雖恨他們但又懼怕他們聯合起來對付自己，所以硬的不敢來，就下軟刀子。

江澤民給老將們先升級再退休，盡釋兵權：見官升一級，升完辦退休（少將升中將，中將升上將），再換上自己人。江為了鞏固在軍中的地位，一撥接著一撥地提拔對他表忠心的馬屁將軍，對軍隊大換血。

2001年，江澤民下令特撥經濟津貼給黨政軍已故元老遺孀共322名，有五十多名元老遺孀將她們所收到的錢捐助給了西北地方貧困新生。另外270名收下了錢，吃人家的嘴軟，從此江澤民耳邊清靜了許多。

2002年春節前夕，曾慶紅任部長的中央組織部籌措了來源不明的兩千萬元人民幣。江澤民以「關心老幹部」的名義，有選擇的照顧了「部份」平時對江和曾有微詞的老同志。他們都是對十六大有影響的實權派。

無能而又逞能，貪權、貪財、膽小、言而無信、殘暴、自私，軍委主席江澤民樣樣俱全。江治下的軍隊腐敗、潰爛不堪。這樣的軍隊，又如何能保家衛國、抗擊外侮？這真是中華民族的大不幸。

第六節　畏懼民主 恐嚇臺灣

民主的臺灣是鎮壓民主起家的江澤民的眼中釘，想拔又不敢……

1996年3月23日，臺灣舉行了第一次民主大選。總統候選人除了有李登輝之外，還有無黨籍人士陳履安和林洋港，以及民進黨候選人彭明敏。江澤民對臺灣的選舉十分擔心，害怕會鼓勵了國內民眾的民主訴求。

香港回歸，江澤民希望在兩岸關係上有所作為，這樣他的貢獻就可以寫入史書了。但江在外交、治國方面是個庸才。在老軍頭們的鼓動下，他決定給李登輝點顏色看看，結果差點鬧出戰爭來。

1995、1996年，中共頻繁進行軍事演習，搞飛彈試射、兩棲登陸，頻繁調動軍隊移防部署於面對臺灣的沿海區域。美國認為事態嚴重，派出「獨立號」和「尼米茲號」兩個航空母艦戰鬥群，在臺海附近遊弋。

江澤民不敢真的和美國搞僵，他害怕衝突一起，軍方將架空他這個軍委主席，所以提出軍事演習點到為止。臺灣得到消息，放下心來，大選進行得轟轟烈烈。

民進黨候選人陳水扁的支持率居高不下。江一直把民進黨當「臺獨」打擊，如果陳當選，江澤民不知該怎樣反應。打仗吧江怕摸槍，不打吧又怕被自己煽動起來的國內輿論，真是進退兩難。

江澤民做秀的本事了得，在各個場合大玩文字遊戲，卻把朱鎔基推到記者面前發表強硬談話，一石二鳥。不僅逃避責任，還讓老冤家朱鎔基的形象大跌。

中央電視臺還播放《中國軍人》，恐嚇意圖明顯。同時，中共軍隊集結臺灣海峽對岸，好像一旦陳水扁當選就會發生臺海大戰。

1996年2月1日，美國眾議院通過《臺灣安全加強法》，對臺海可能發生的戰爭表示強烈關注。臺灣方面，陳水扁和宋楚瑜都反對中共恐嚇，民眾反彈強烈。最終陳水扁當選。

藉「六四」投機爬上來的江澤民篤信強權，只相信強制與恐嚇，結果栽了個大跟頭，對中共高層的震動也很大。

2000年3月19日晚上，中共官方電視新聞的播音員宣讀了中共中央臺灣事務辦公室的一份聲明：希望剛剛執政的民進黨當局不要走得太遠。中共的無奈顯出北京當局束手無策，對臺灣民意瞭解與判斷嚴重錯誤。

江澤民的態度，和選舉前夕的宣傳調門相比，判若兩人，好像他根本沒有發表
過強硬談話。反襯之下，倒像是朱鎔基自己沒事找事搞了一場鬧劇。朱鎔基對
自己當初被江利用發表談話後悔不已。

幾年後，呂加平上書中央和人大、政協，披露江澤民利用臺灣問題搞兩頭敲，
以打臺灣取得軍隊將領和官兵的信任，可同時又向美國總統許諾：只要你們支
持我連任中央軍委主席，我就不會打臺灣。

江澤民喊著要打臺灣，並幾次作出要大打特打的樣子，不過是故作姿態。臺灣是他手裏的一張王牌，自己的權力危機時就拿出來晃悠晃悠，作出要打的樣子，讓軍隊過過乾癮，然後再收好，留著下次危機時再用。

朱鎔基被江澤民利用在記者面前大放厥詞，結果本來在國際上良好的聲譽和形象大受影響，成了這鬧劇中受傷最重的人。

第七節　國際政壇 第一丑

江戲子在各種重大場合說學逗唱，賣弄風情，國體盡失……

人稱江澤民為「戲子」，他年輕時曾受過專業的戲劇訓練，著名的當眾梳頭的習慣也來自於他的「戲子」師傅。江「做秀」熱情令人吃驚，不分時間場合當眾梳頭、吟詩賦詞、引吭高歌、賣弄英語。

江澤民愛梳頭，在西班牙國王卡洛斯面前梳頭。6月25日，西班牙第一大報《國家日報》和其他許多報紙，以頭版頭條刊出圖片新聞：〈卡洛斯國王看江澤民梳頭〉。

任何場合、任何時間，江澤民都會出人意料的拿出他那把梳子大梳特梳，在人大會議主席臺上梳頭。在聯合國演說時梳頭，都成了經典的新聞界的笑話，丟盡了中國的臉面。

江澤民愛唱歌。他訪問菲律賓，主動提出放棄南沙群島的主權爭議，共同進行經濟開發。當晚，菲律賓總統羅慕斯在遊艇上宴請江澤民。江澤民想起了他剛剛見過的美女參議員阿羅約，高歌貓王的《溫柔地愛我》。

在人大會堂歡迎美國總統布希時，他對布希唱《我的太陽》。美國總統布希馬上鼓掌，並接著半開玩笑地請國務卿鮑爾唱一首小夜曲，鮑爾禮貌地微笑拒絕。

在冰島的國宴上他吃著半截飯，突然站起來就唱，弄得賓主都錯愕不已，王冶坪當時的面部表情十分尷尬。整個情景被冰島最大的日報以大幅彩色照片詳細報導。

江澤民愛跳舞，在北京人大會堂歡迎美國總統布希的國宴上，他拉著美國第一夫人蘿拉跳完，又拉著美國國家安全顧問萊斯及駐北京大使夫人莎拉跳。

江澤民訪問法國，參觀博物館的時候，當眾強拉總統夫人跳華爾滋，令法國總統席哈克措手不及，驚愕不已。法國民眾為此義憤填膺，認為是對整個法蘭西民族的侮辱。

江澤民不懂規矩，訪問土耳其時，土耳其總統德米雷爾向江授國家勳章。江澤民上前一步，拿起勳章自己戴上了，令在場賓主目瞪口呆。

江澤民喜歡在外國領導人面前賣弄英語。1999年江澤民去英國訪問，大概想誇英國空氣很自然，但他說：這裏空氣很好，到處都是natural gas（天然氣，英文俚語意為「放屁」）。第二天就有中文報紙撰文取笑他。

其實早在任上海市長期間，江就出過這樣的洋相。有一次陪同外賓去公園遊覽，江想向外賓顯示上海很開放，年輕人敢在公園裏公開談戀愛了，就指著說他們在「make love」（性交），讓在場的外國人聽了目瞪口呆。

江澤民愛背詩詞，在國外會見華人的時候，常常驢唇不對馬嘴地背上幾句詩詞，來表現自己的博學。當一位華僑問他是否退休時，他高聲吟詩「我欲乘風歸去」。

2000年江澤民在紐約華爾道夫酒店會見華僑時，當一位華僑問中國西部開發計畫時，江澤民突然從口中冒出兩句唐詩：「勸君更盡一杯酒，西出陽關無故人。」

江澤民在訪美時，還莫名其妙地在柯林頓總統前，用英文背誦林肯的一段演說詞。國家主席出訪是有外交禮儀和尊嚴的，這是國家的尊嚴。中國元首江澤民不顧外交禮儀地做秀，令國家和民族在世界舞臺上顏面盡失。

第五章 殘暴昏庸
第八節 無視國體 援助反華

江澤民對內草菅人命、心狠手辣，
對外卻懦弱無能，讓華人飽受欺凌⋯⋯

江澤民遇事膽小如鼠，對內心黑手辣，對外卑躬屈膝。他視人命如草芥、對人民的生命財產和海外華人的安全漠不關心。

1998年5月13日至16日，印尼發生大規模排華事件，許多華人的財產被洗劫一空，兩千多名華人被殺，數百名華裔婦女被輪姦殺害。他們慘遭割乳、焚燒、剖腹、割頭、暴屍街頭……，慘狀令人髮指。

全世界對這種野蠻行徑感到非常震驚和憤怒，美國國會和聯合國人權委員會都發表聲明加以譴責。世界各國、社會團體以及中共所謂的反華勢力紛紛對印尼政府排華進行了強烈指責，媒體進行了大量的揭露和報導。

全世界的海外華人情緒激憤，他們強烈要求中國政府進行譴責。可江澤民竟然指示：印尼發生的暴行是印尼的內政，對此報刊不報導，政府不干涉，並對國內封鎖消息，有力地助長了排華勢力的氣焰。

不但如此，為了不影響他與印尼當權者的關係，中國對印尼的巨額援助仍然按照原計劃進行。印尼政府對暴行的視若無睹，沒有及時採取必要的平暴措施，與江和中共當局的不干涉，甚至默許支持的態度緊密相關。

1999年的5月8日，在北約和南斯拉夫交戰期間，中國大使館遭三枚導彈襲擊，三名「記者」死亡。美方稱誤炸，但中方不認可，並在媒體中對漂亮的女「記者」進行大量煽情報導，煽動極端民族主義情緒。

事件發生後，軍方要求江澤民以軍委主席的身份立刻穿上軍裝發表電視講話；也有人建議江澤民穿上西服，以國家主席的身份發表電視抗議，並立即召見美國駐華大使。高層吵成一團。

遇事膽小如鼠的江澤民此時慌了手腳，根本不知道應該說什麼、抗議到什麼程度。在和曾慶紅商量後，他決定把這個非常棘手的問題交給胡錦濤去辦。

江澤民和曾慶紅此時考慮的是一石二鳥的毒計：不讓總理朱鎔基出面，意在把炸使館和朱鎔基聯繫起來，讓他背黑鍋小怕事的黑鍋；讓胡錦濤出面，這麼棘手的問題胡一旦有閃失，就可成為十六大不許他接班的理由。

中國民眾對於集國家主席、軍委主席於一身的江澤民的表現非常憤慨。中國人民大學開始出現「江澤民——縮頭烏龜」、「中央領導人都死光了」等標語，全國上下群情激憤。

第九節 賣國遮醜 割地套磁

江澤民主動賣國，不僅為了掩蓋漢奸歷史，也為自己「拉關係」……

中俄邊界近百年來紛爭不斷。從沙皇俄國到蘇共建政，俄羅斯一直對中國的土地進行巧取豪奪，中俄不平等條約有《璦琿條約》、《北京條約》等。俄國和蘇聯還通過各種手段搶佔了許多未經簽約的領土。

從民國政府到毛澤東，都沒有敢承認這些條約和佔領地的合法性。十月革命後，列寧曾一度宣稱要廢除所有中俄不平等條約，歸還中國領土。後列寧逝世，史達林也就不再提起這個話題。

然而早在中共建政之初，江澤民被派到蘇聯工作學習，就曾被蘇聯間諜組織KGB相中，用美女間諜克拉娃引誘好色的江澤民，用江澤民的日本漢奸背景相威脅，迫使江當了KGB間諜，為蘇提供情報。

1999年12月9日和10日，江澤民在北京與俄羅斯總統葉爾欽簽定了《中俄邊界議定書》，出賣了一百多萬平方公里的領土，相當於數十個臺灣；還將圖們江出海口劃給俄國，封死了中國東北通往日本海的出海口。

本來中國改革開放後，打開圖們江出海口對吉林省經濟發展有深遠影響，為此省政府投鉅資完善琿春市及周邊的市政、公路、鐵路的基礎設施建設，並多次與俄方談判。

經過三年多的努力，俄方已有誠意與中方合作，即將進入決策階段，江澤民卻背地裏在喪權辱國的《中俄東段勘界議定書》上簽了字，吉林百姓多年來盼望的開邊通海戰略計畫變成了一堆廢紙！

江澤民和塔吉克斯坦、吉爾吉斯斯坦以及哈薩克斯坦簽訂了《中塔吉邊界劃定協定》、《中吉哈邊界劃定協定》等，基本上放棄了所有爭端國土

江澤民命令中國邊防軍後撤500公里不設防，而俄羅斯、哈薩克斯坦、塔吉克斯坦、吉爾吉斯斯坦等四個國家不設防地帶只有100公里寬。俄國軍事評論家都認為江是個傻瓜。

江澤民在1996年出訪菲律賓，主動提出放棄南沙群島的主權爭議，共同進行經濟開發。席間為菲律賓美女參議員阿羅約獻歌，高歌一首貓王的老歌《溫柔地愛我》。

1996年11月底，江澤民訪問印度，簽署了《關於在中印邊境實控線地區軍事領域建立信任措施的協定》，承認了中國從不接受的麥克馬洪線，放棄了喜馬拉雅山南麓肥沃的9萬平方公里領土。

1999年12月30日，江澤民批准《中國和越南陸地邊界條約》，數百將士用生命守衛的老山和法卡山被劃歸越南，他們將永遠埋骨越南。中共「對越自衛反擊戰」不是自衛，而是為了挽救要被越南剿滅的柬埔寨紅色高棉。

釣魚島是臺灣的一部分，它的「海洋經濟專屬區」有大量的石油。江澤民對臺灣從來都是「不放棄使用武力」，而對日本強佔釣魚島卻「主張通過和平談判的方式來解決」。

沒有兵臨城下，沒有戰爭危險，江澤民身為中國國家元首，是為了隱瞞他的漢奸歷史主動賣國。而中共怕公開簽署條約的詳情導致其政黨垮臺，所以不肯追究江的責任，對老百姓還隱瞞出讓國土的詳情。

討還領土的最後一線希望是「公審江澤民」！按聯合國《維也納公約》，以「詐欺」、「賄賂」、「強迫」、「武力威脅」所締結的條約無效。中國人的愛國激情不應再被中共利用，應該一起聲討江澤民和中共邪黨賣國賊！

第一節 高德大法 濟世度人

1992年開始，李洪志先生不畏艱辛廣傳法輪大法，
神奇的效果令人嘆服……

法輪功創始人李洪志先生1951年5月13日生於吉林省公主嶺的一個普通知識份子家庭，從童年起修煉佛家獨傳大法。他從軍隊轉業後，在長春市一家糧油公司做普通職員，一家人住在單位簡陋的宿舍樓裡。

1984年，李先生將獨修功法改編成適合大眾普及的法輪功，於1992年5月13日開始在長春公開傳功講法。1992年到1994年這兩年多的時間裏，李先生在全國共開設了54次講法傳功的學習班。

為了讓社會各階層的百姓都有機會修煉法輪功，李先生堅持全國最低的辦班收費標準，10天的氣功學習班，僅收費40元，相當於其他氣功師的1/2到1/3。中國氣功科學研究會曾多次要求李先生提高學費，他始終沒有答應。

在剛剛開始傳法的時候，條件非常艱苦。李先生和幾個弟子第一次到達北京時，沒有人知道他們是誰。抵京後最初的幾天，他們不得不住宿在擁擠的北京火車站，晚上就睡在候車大廳的長凳上。

為了使更多的群眾能夠得法，身心受益，李先生奔波於中國多個城市之間，常常連火車硬座都坐不上，累了席地而坐，餓了速食麵充饑。睏了，就倚靠在座椅邊或者車廂壁打個盹。

李洪志先生1992年傳功講法的時候，中國氣功師多如牛毛，真偽俱在，魚龍混雜。雖有許多人從太極拳、五禽戲等傳統功法中獲得了身體的健康，但上了假氣功師的當、花了冤枉錢卻治不好病的也不在少數。

1992年9月，法輪功被確定為中國氣功科研會的直屬功派。12月，李先生率弟子出席在北京舉辦的東方健康博覽會，被評為「明星功派」。博覽會總指揮李如松和總顧問姜學貴高度評價李先生的功力和法輪功的貢獻。

姜學貴說：「我看到李老師為這次博覽創造了很多奇蹟：那些拄著拐棍、乘著輪椅的病人經李老師的調治能站立行走了。我作為博覽會總顧問，負責地向大家推薦法輪功。我認為這個功法會給人們帶來健康的身體和新的精神風貌。」

1993年李先生為公安部見義勇為先進分子提供免費康復治療。中國公安部致信中國氣功科學研究會，感謝李洪志先生，同時《人民公安報》上刊登文章說這些見義勇為先進分子「經調治後普遍收到了非常好的效果」。

隨著法輪功的傳播，修煉人身心受益，很多人從疑難絕症中康復，必然會帶動親朋好友都來煉功。李洪志先生被尊稱為李大師。短短幾年的時間裏，修煉者就增加到兩千萬人以上，而且繼續增長的勢頭仍十分迅猛。

1995年李洪志先生結束了在國內傳功講法，年初赴巴黎，與中國駐法國大使等使館官員進行了會面，並應邀在中國駐法國使館文化處舉行了一場講法報告會。隨後又去了瑞典和美國，法輪功開始弘傳世界各地。

在中國，李洪志先生的著作《轉法輪》暢銷全國。1996年1月，《轉法輪》被《北京青年報》列入北京十大暢銷書。1996年7月，中宣部副部長徐光春為撈政治資本撤銷了《轉法輪》的書號後，盜版《轉法輪》仍然暢銷。

江澤民在1999年鎮壓法輪功時，聲稱從來沒有聽說過法輪功。其實王冶坪1994年就跟人學過法輪功。王煉功時江也在旁邊偷偷比劃，一次被王發現，江惱羞成怒，不許她再煉。他說：「連我老婆都信李洪志了，誰還來信我這總書記！」

江澤民開始也不反對法輪功，還看過《轉法輪》。但江最感興趣的是向李大師打聽自己的前世，預測自己的政治前途和怎麼保住權位等。李先生看透了他的心思，對江的聯繫人表示治病可以，不問政治。江從此懷恨在心。

第二節 人心歸正 造福四方

法輪大法修煉者在真善忍指導下修己利民，處處為善，
中共高層都了解……

法輪功對人的改變不僅是身體，也包括道德和精神層面。隨著中國改革開放，對物質利益的強烈追求導致社會道德滑坡。而法輪功以「真善忍」為原則，義務教功不收費，指導人淨化心靈做好人。傳出後中國社會進入了相對穩定階段。

1997年3月17日《大連日報》的文章〈無名老者默默奉獻〉報導了古稀老人盛禮劍用一年時間，默默為村民修了4條路約1100米。人們問他要多少錢，他說：「我是學法輪功的，為大夥兒做點好事不要錢。」

1998年2月21日《大連晚報》報導了大連海軍艦艇學院學員袁紅存於2月14日，從大連自由河冰下3米救出一名掉進冰窟窿的兒童，被稱為「活著的羅盛教」，學院為他榮記二等功。當時袁紅存已經修煉法輪功2年。

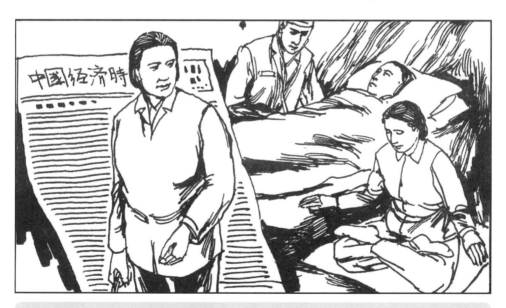

1998年7月10日，《中國經濟時報》刊載〈我站起來了〉一文。該文介紹一個叫謝秀芬的人，曾被北京301醫院診斷為脊椎損傷半截癱，臥床16年，修煉法輪功後恢復行走。

1998年11月8日，廣東省體委有關領導觀看了五千法輪功愛好者的大型晨練活動。領導們現場詢問了幾位法輪功的受益者，他們的修煉故事非常感人。當時廣東有近25萬人修煉法輪功。

中共高層對法輪功也早有瞭解。李洪志先生從1992年5月開始傳法，在北京紫竹院有一個相當大的煉功點，煉功的有許多是被中共稱為「老一輩無產階級革命家」的退休高幹，有人甚至是參加過長征的。

迫害法輪功的「610」非法組織頭目李嵐清在外經貿部當部長時，一位煉法輪功的下級向他介紹過法輪功對國家和民族的益處，還給了他一本《轉法輪》。鎮壓法輪功的羅幹也在1995年就經機械科學院的老上級和老同事介紹知道法輪功。

胡錦濤的清華同學張孟業得重病，修煉法輪功後起死回生。1998、1999年校友聚會時，張當面向胡介紹他的經歷，並給胡的夫人寄過法輪功的書籍，希望他們也能煉功祛病健身。胡夫人曾回寄明信卡以表謝意。

朱鎔基的老上級（國務院一個姓周的退休幹部）開始煉功後，也向朱鎔基介紹過法輪功。李鵬也看過《轉法輪》，是他的電力工業部一個副部長給他的。

中南海裏江澤民住李鵬隔壁，所以李鵬送了一本《轉法輪》給江澤民。在1996年前，有一位紫竹院煉功點的法輪功學員親自到江的家裏教王冶坪煉功。江也偷偷跟著比劃，王想教他，他覺得沒面子，索性不許王煉了。

江澤民那個時候還非常喜歡學李先生的手勢和動作。原來江澤民講話時，手沒地方擱，就向身體兩側直直地伸著。後來發現李先生總是兩手疊扣在小腹前，江也開始跟著學，可惜江大腹便便，只好把手搭在肚子上面。

江澤民原來在武漢熱工所的上級也煉功。聚會時，老同事也給他介紹過法輪功。1996年，江澤民去視察中央電視臺，看見桌子上有一本《轉法輪》，還說：「《轉法輪》，這本書挺不錯。」

1998年，中國經歷了一場洪災。江澤民視察一處大堤時，看到一群人在埋頭苦幹，得意的對手下說：「這些一定是共產黨員。」可叫過來一問，回答是法輪功學員。江妒火中燒，陰著臉掉頭走開了。

法輪功對人身體和道德的巨大改善使煉功人數越來越多，中共高層的幹部幾乎人人都看過《轉法輪》。七個政治局常委的夫人也都煉過法輪功。到1999年，看過《轉法輪》的超過一億人，這些無不遭到江澤民的嫉恨。

第三節 猶大科痞 造謠誣陷

雖然法輪功使廣大的修煉者身心受益，可還是有人無事生非……

李洪志大師為使大眾受益，不挑徒弟，其中也難免有猶大。傳法初期，有幾個長春負責人一再違反法輪功的規定，貪污挪用十分緊張的資金，篡改功法等，李先生規勸也不停止。他們最終走上了與法輪功對立的路。

1994年開始，他們向中共13個部委寫了幾十萬字的誣告信，給法輪功羅列出12條罪狀，卻沒有任何事實根據。為此，中國法輪功研究會於1995年2月9日向中國氣功科研會和有關部門寫了三份詳細的彙報材料，闡明事實真相。

看到法輪功研究會的材料，很多領導驚訝地說：「原來法輪功這麼好，為什麼你們不早跟我們聯繫呀？」誣告揭發材料事件得到了解決。可是當中共1999年開始鎮壓法輪功時，那些誣告材料卻被搬出來當作「罪證」。

1980年2月，上海召開第一屆人體特異功能討論會，胡耀邦秘書送來一張密封於容器中的字條，讓特異功能者透視。胡看到秘書帶回來的結果，檢查了親手書寫的字條和密封的容器後，終於確信特異功能的存在。

為此，胡耀邦對氣功作了「不干涉、不宣傳、不打棍子」，並允許少數人進行研究的批示，且於1982年4月通過中宣部下達給全國各地的政府部門。這就是著名的「三不」政策。

但有些科學界的政治痞子就要違反國家政策，唯恐天下不亂。何祚庥善於在科學家面前冒充政治家，在政治家面前冒充科學家，尤其善於從意識形態領域批判真正的科學，打擊有真才實學的人，撈政治資本向上爬。

何祚庥鼓吹「自然科學的階級性」，因打擊科學、維護中共階級鬥爭意識形態有功，大學畢業後被調到中宣部從事意識形態宣傳。《紅旗》雜誌力薦他當中科院院士，何則利用他的院士頭銜繼續拍中共高官的馬屁。

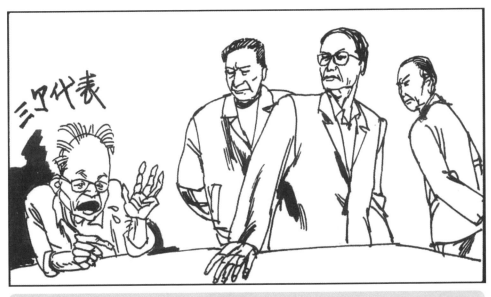

2001年，為拍江澤民的馬屁，何祚庥在一次量子力學研討會上發言說「量子力學的運動規律符合江澤民的三個代表精神」，當即有幾位正直的學者拂袖而去。其餘的人則是敢怒不敢言。

1998年5月，科痞何祚庥挑起了北京電視臺事件，對北京電視臺《北京特快》節目的一個記者造謠，說中科院一個孫姓的研究生因練法輪功而導致精神病。

許多法輪功學員自發去北京電視臺澄清事實真相。實際上，孫當時表現的不正常狀態和法輪功毫無關係。北京電視臺的一個副臺長在瞭解真相後，立即決定製作節目挽回錯誤宣傳的影響。事情得以圓滿解決。

何祚庥四處找法輪功的麻煩，連政府部門都不勝其煩，北京一位副市長規定報刊不再刊登他的文章。何不甘心，1999年在天津一個小報上發表了〈我不贊成青少年練氣功〉，再次誣陷法輪功。天津數千名法輪功學員前往編輯部澄清事實。

就在出版社方面準備發聲明更正之際，天津市突然出動防暴警察，驅散請願人士，毆打並逮捕了45名法輪功學員。天津市政府說，鎮壓是北京的命令。此事導致了「四‧二五」全國法輪功學員中南海的大上訪。

羅幹想藉打法輪功向江澤民邀功請賞，他的連襟何祚庥也就不遺餘力地打著科
學的外衣詆毀法輪功。這一連串行動都是他們構陷法輪功群眾的圈套，成為了
後來對法輪功邪惡鎮壓的導火線。

對於這一切，看過《轉法輪》、深諳法輪功是好功法的江澤民豈不知是假？但
是因為修煉法輪功的人多，江始終妒忌他的「三個代表」沒人學，信服李洪志
大師的人卻這麼多，正好利用羅、何等人炮製的假象發動鎮壓。

第四節　山雨欲來 風滿樓

1996年後，法輪功的神奇功效吸引了更多的修煉者，
中共當局一些想撈政治資本的人一直想要鎮壓……

儘管法輪功利國利民深入人心，1996年中宣部副部長徐光春為撈取政治資本，趁主管氣功的副部長出國，召集十大中央報總編要刊登詆毀法輪功的文章。中宣部新聞出版署違反「三不」政策，禁止出版發行法輪功書籍。

但是各大報和公安部都有許多人修煉法輪功，尤其到了司、局、處長這一級很多就是法輪功學員。1996年的這次鎮壓根本沒來得及開始，就收到了幾十萬封群眾來信，澄清法輪功的真相，鎮壓不了了之。

羅幹在1997、1998年兩次想把法輪功定為「邪教」鎮壓。不是因為法輪功做錯了什麼，而是羅幹那時是中央政法委書記，官兒坐到頭了，要想繼續往上升，就必須做出大動作來。這個和戰爭時期軍人尤其受到重視一樣。

羅幹也想把水攪渾，這樣他這個政法委書記才能成為政治焦點。他讓各地公安去搜集證據，於是很多特工到法輪功的煉功點上臥底學功。但是法輪功一切公開，來去自由，很多臥底人員倒因此而開始走上修煉之路。

羅幹搜集不到資料很著急。他發現公安部這些負責氣功的都很懂氣功，很多人也煉，所以都不執行羅的鎮壓命令。於是羅在1996年改組公安部，把原來管氣功和懂氣功的人一律調走。

但是羅幹的兩次「調查」在一些地區造成了嚴重後果。如：遼寧省朝陽市公安局發出了〈關於禁止法輪功非法活動的通知〉。有些地方的法輪功輔導員被罰款，累計金額達四千多元。有的不給收據單；有的只給白條。

朝陽公安局侵害公民合法權益的行為，引起四十餘人到公安部上訪，一千餘人聯名投訴。新疆、黑龍江、河北、福建等地還出現基層公安部門強行驅散煉功群眾、非法抄家、沒收個人私有財產等違法亂紀問題。

朱鎔基知道後把羅幹叫去訓了一頓，說他「放著大案要案不抓，卻用最高級的特務手段對付老百姓」，搞得羅幹灰頭土臉。但是他仗著和江澤民關係好，扣下了朱對法輪功的正面批示，沒有下發。

國家體育總局於1998年5月對法輪功進行了全面調查，結果表明袪病健身總有效率為97.9%，對於社會的穩定、精神文明建設效果顯著。大連、北京等地的民間調查也得出了一致的結果。

1998年，以喬石為首的部份全國人大離退休老幹部，對法輪功進行了詳細調查研究，得出「法輪功於國於民有百利而無一害」的結論，並向江澤民為首的政治局提交了調查報告。

1999年初，國內報導法輪功的煉功人達到了一億。《轉法輪》被翻譯成多國文字，傳到世界三十個國家和地區。不少西方人為了能夠讀懂《轉法輪》原文專程來學習中文。近代中國歷盡滄桑，中華文化因此再次流傳。

1999年2月，美國權威雜誌《US News and World Report》報導法輪功講到「法輪功可以使每人每年節省醫藥費1000元。煉功人是一億，就可以節省一千億元。」朱鎔基高興地說：「國家可以更好地使用這筆錢。」

1999年的清華同學聚會正好是「四‧二五」當天，萬名法輪功學員在國家信訪局和平上訪。胡錦濤夫婦參加聚會後回中南海時看到了這一奇觀，擔心鎮壓發生，忙通過同班同學提醒向他們介紹法輪功的老同學張孟業。

1995年，江澤民開始賣力地推廣「三講」，沒人當回事，但是江卻到處都能看到《轉法輪》，也知道全國煉功的人增長極快。時不時有人在江的耳邊讚美李大師的高風亮節，更讓江妒嫉得受不了。

第五節　不畏強權 和平請願

1999年4月25日，上萬法輪功群眾因不公正的對待去中南海上訪，
江澤民和朱總理的態度大相逕庭……

1999年，科痞何祚庥在天津發表文章誣陷法輪功，數千名法輪功學員自發去編輯部澄清事實。出版社正準備發更正，天津市突然出動防暴警察，毆打驅散請願人士，逮捕45名學員。天津市政府說，鎮壓是北京的命令。

法輪功研究會負責人李昌、王治文、紀烈武等商談決定去北京上訪，其他法輪功學員相互聯絡。中南海旁的國家信訪局外有一萬餘人請願，要求是：一、天津放人；二、煉功自由；三、合法出版法輪功書籍。這就是「四‧二五事件」。

總理朱鎔基受過右派之冤，1998年在羅幹挑起的鎮壓法輪功問題上曾親筆作過正面批示，因此4月25日他一改中共一貫對於民間請願不接觸、不對話、不讓步的傳統，親自與上訪代表會談，過程中指示天津放人。

「四・二五事件」讓十年前「六四」上臺的江澤民感到很恐懼。江馬上打電話給北京衛戍區，詢問如果法輪功深夜仍然沒有從中南海附近撤離，駐京軍隊是否能立即集結架走他們。接電話的人立刻表示遵命。後來此人被江連升了好幾級。

江又給親信由喜貴打電話，讓他儘快佈置戒嚴，他要出來「視察」。與朱鎔基不同，江的「視察」是在防彈轎車那深色玻璃後進行的。法輪功學員的前面是為江的視察而特意佈下的武警警戒線。

在江澤民看來，法輪功人數多就是在和黨爭奪群眾，方式之和平理性是因為組織嚴密，來到中南海就是公開和他江澤民叫板。看到法輪功和平請願的隊伍中還有軍人，更是火冒三丈，軍人竟然不聽他這個軍委主席的！

會談進行得並不十分順利。江澤民未給出談話底線，羅幹本來就想找法輪功的麻煩，沒有答應任何要求。後來法輪功研究會的李昌（公安部官員）、王友群（監察部官員）等五人也進了中南海進行對話。

學員們一直在外靜靜等候。晚上八點多會談完畢，在得知天津方面已經釋放被捕的法輪功學員後，中南海前的法輪功學員很快散去，臨行時地上連一片碎紙都沒留下。法輪功學員不抽煙，卻連警察的煙頭都撿乾淨了。

海外媒體盛讚這是中共建政後官民第一次和平理性的對話，開中共歷史之先河，江澤民卻暴跳如雷。他本來就嫉妒李大師，加上政敵喬石對法輪功稱讚有加，這次他最妒嫉的朱鎔基又因為開明處理了「四‧二五」法輪功上訪的問題而贏得國內外好評，他更加生氣。

4月25日晚，江澤民模仿毛澤東「炮打司令部」的做法，給政治局寫了一封信。信中給法輪功扣上了有國外勢力支持的帽子，要求中共用馬列主義戰勝法輪功。這封信隨後被中辦作為通知印發，並被要求「貫徹落實」。

「四‧二五事件」的第二天，羅幹、賈慶林和政治局常委召開會議商討處理意見。政治局七個常委，六個都反對鎮壓。可江澤民以亡黨亡國為由，揮舞著雙手叫著：「滅掉！滅掉！堅決滅掉！」

為了脅迫其他人同意鎮壓，江澤民利用國家安全部製作假情報：法輪功創始人後面有美國中央情報局的支持，提供了數千萬美元的經費。連法國人都被騙了，通過自己的情報系統長時間瞭解，才知道法輪功背後沒有任何政治勢力。

江澤民用這些「確鑿的證據」把法輪功問題上升到了「亡黨亡國」的高度上。中共最怕「亡黨」，也沒人敢承擔「亡國」的帽子，政治局常委最後被江「統一」了思想——鎮壓法輪功。

江澤民鎮壓法輪功就像趙高用「指鹿為馬」來考驗群臣是否忠心。之所以選擇法輪功是因為江澤民認為好人好欺負，法輪功善良和平，肯定用不了三個月就能消滅，還可從中撈取「在危難時刻挽救了黨」的政治資本。

第六節 大法蒙難 舉世矚目

經過一番秘密部署，江在1999年7月20日發動了
對法輪功的鎮壓，結果卻⋯⋯

「四‧二五」法輪功學員到中南海上訪後，政治局常委除江澤民外都反對鎮壓。江認為人人都怕死，都能收買，掌握了國家機器就沒有辦不到的事情。以前李嵐清的兒子被查出10億的貪污案，被江包庇。江先拿此事嚇服了李。

2‧1999年6月10日，以李為頭目成立了鎮壓法輪功的「610辦公室」。「610辦公室」和文革中的「中央文革小組」一樣，是個不折不扣的非法組織。江澤民通過這個組織繞過正常的法律手續，直接調動暴力機器迫害法輪功。

江澤民迫害法輪功怕留下證據，給「610」送去的密令從來都是不敢落款的「白條」，例如「打死算自殺」、「不查身源，直接火化」、「名譽上搞臭，經濟上拖垮，肉體上消滅」。

7月19日，江澤民下令鎮壓。上萬名武警戒嚴北京，周邊軍隊進入一級戰備狀態。7月20日，全國對法輪功「骨幹」分子大搜捕。江還試圖出賣中國5億美元的貿易順差引渡李先生回國，遭到國際刑警組織拒絕。

江下令銷毀所有法輪功的書籍和音像製品，封鎖互聯網上所有可能得到法輪功真實資訊的網站，停止263等互聯網服務，防止民眾與海外聯繫，迫使民眾只能從被江操控的國內媒體獲取有關訊息。

同時江澤民啟動「黨的喉舌」——整個國家宣傳機器，大肆歪曲、誹謗誣衊法輪功創始人和法輪功，並收買海外媒體對法輪功進行誹謗。例如鳳凰衛視的台長劉長樂實際上是中共的特工。

7月20日淩晨，大批法輪功學員從各地湧向北京為法輪功上訪鳴冤。上訪是中共在文革後制定的有中國特色的官民溝通管道。江卻禁止為法輪功上訪，否則就會遭到罰款、監禁、開除公職，以及家庭、單位受牽連等。

儘管江澤民下令對待上訪、請願的法輪功學員採取極其嚴厲的措施，但幾個月裏，北京城區最多時超過30萬人，而北京近郊長期維持大約70萬為法輪功上訪請願的人。江對此難以理解，同時也更加妒嫉李洪志先生。

就在鎮壓那天，李洪志先生發表了一篇聲明，呼籲世界各國政府、國際機構、善良的人們能給予支持和幫助，解決目前在中國發生的危機，同時希望中國政府及領導人不要把上億法輪功群眾當成敵人。

幾天中，李先生不斷在各國媒體採訪中說明，法輪功不會構成對任何政權的威脅——相反，對任何政府、國家和民族都是有百利而無一害的。李先生的談話打消了國外許多人對法輪功的很多疑慮。

1999年10月26日，十幾名法輪功學員避開警察層層圍堵，在北京郊區一家賓館召開新聞發佈會，向在場的外國記者講述修煉法輪功身心受益的情況，和法輪功學員在中國受到殘酷迫害的事實。

許多西方媒體記者在新聞發佈會上瞭解了法輪功真相，並發出了相當準確的報導。江澤民暴跳如雷，要羅幹立刻破案。後來，參加新聞發佈會的法輪功學員都被判刑、勞教或「失蹤」，其中丁延和蔡銘陶已被迫害致死。

在海內外法輪功學員的強烈呼籲下,加拿大政府、聯合國世界公民聯合會、澳大利亞、美國參議院和眾議院等紛紛通過決議,強烈抗議和譴責中共迫害正信,並呼籲營救受迫害的法輪功學員。

2001年,李洪志先生被《亞洲新聞》評為當年亞洲區最具影響力人物,並指出即使面對中共當局強力鎮壓,甚少公開露面,法輪功的國際影響力仍有增無減,李先生仍深受法輪功學員的擁戴。江澤民更加嫉恨。

第七節　惡法違憲 法徒蒙冤

為了使厭倦政治鬥爭的中國人捲入鎮壓，他費盡心機。
但對法輪功學員的審判合法嗎？……

江澤民對法輪功的鎮壓一開始就十分不得人心，就連老上司李鵬都要他「注意
分寸」，朱鎔基更是心灰意冷，不僅工作上大撒把，就連電視上也銷聲匿跡
了。第四代核心胡錦濤和李長春更是站在邊上看笑話。

多數省市都對鎮壓採取消極態度，根本貫徹不下去。江急了，親自到廣東督
戰，先判胡錦濤的大學同班同學張孟業勞教。既給廣東省鎮壓法輪功開了先
例，又給胡錦濤套上了「出賣同學」、「不仁不義」的恥辱牌。

江找朱鎔基訓話，要他重視「三講」，尤其是「講政治」——鎮壓法輪功就是當前最大的政治。從江辦出來，朱鎔基十分沉默。不久朱鎔基違心地表態支持鎮壓決定，也許他不想再受當年被打成右派吃的苦，或是想起了趙紫陽的淒慘狀況。

對鎮壓法輪功這樣愚蠢而毫無理性的行為，沒有多少人願意賣命，江只好事事衝在前頭，在各種場合下不顧外交禮儀，親自給每個國家元首遞上誣衊法輪功的小冊子，失盡體統。

江滿心希望各國元首「干涉一下中國內政」，贊同他的鎮壓。江不明白信仰自由是天賦人權，沒有一個民主國家的元首敢不顧自己在國內的地位，說江澤民破壞信仰自由有理。很多國家都批評中國大陸迫害法輪功。

鎮壓三個月，沒有起到什麼效果，上訪的法輪功學員源源不斷。很多中共高層人物也對鎮壓不滿，提出要平反。對江來講，平反就是認錯，而且是他一個人的錯。這可讓他發了愁。

江澤民找曾慶紅、薄一波出主意。狡詐的曾分析說鎮壓要維持下去，就得讓人人參與，把鎮壓和各地領導的政績掛鉤，不行就撤職。兇殘的薄一波說一定要打死人，這樣當地領導背著血債就不得不跟著繼續鎮壓。

江澤民還把兒子江綿恒任命為中國科學院副院長，控制這個中國最高的科學教育機構，並命令院長路甬祥做支持人體科學和氣功研究的錢學森的工作，組織一批院士宣揚科學和無神論，藉此批判法輪功。

江澤民還利用兒子成立的網通公司封鎖網路，可在海外的法輪功學員很多都是科技驕子，他們利用高科技手段突破了網路封鎖，保持和國內學員的聯繫揭露迫害，並把海外的情況發往國內。

鎮壓三個月了，有些法輪功學員被迫害致死。面對國際社會強大的壓力，江澤民忽然發覺自己忘了制定一個合適的法律給法輪功學員定罪，要想「治得了」法輪功，首先還得解決這一尷尬。

在江澤民的授意下，1999年10月30日九屆人大推出了一個所謂懲治「邪教」的決定。江違背法律原則，迫不及待地命令法院依據這個10月30日通過的「法律」對早在7月份就被抓捕的法輪功學員進行判刑。

直到今天，中國的法律也沒有取締法輪功。雖然江澤民指示公安部在1999年7月發佈「六禁止」通告（禁止法輪功學員煉功、上訪等），但公安部不是立法機關，法輪功學員被勞教的「根據」就是這根本無法律效力的「六禁止」。

人大的「反邪教法」也沒有把法輪功定為邪教。法律只認定某種行為是犯罪，而不能認定持某種宗教或信仰就是犯罪。「法輪功就是邪教」的說法全出自江澤民或《人民日報》，根本無法作為法庭判案的依據。

羅幹在江澤民的授意下，對原法輪功研究會成員李昌、王治文、紀烈武和姚潔，處以最高達18年的徒刑。後來，在法庭旁聽的三百多名法輪功學員也全部被抓走拘留，甚至勞教。江澤民打著法律的名義在犯法。

第八節　訴江勇士 王傑、朱柯明

江澤民違反國法鎮壓法輪功，迫害法輪功學員。
北京市民王傑和香港居民朱柯明最先依法對江進行起訴……

2000年8月，香港居民朱柯明、北京居民王傑查閱了中國法律後，在北京向中華人民共和國最高檢察院寄出申訴狀，控訴江澤民、羅幹、曾慶紅非法取締和鎮壓法輪功。這是世界上第一起訴江案。

此訴狀經掛號信寄達最高人民檢察院後，被告江澤民、羅幹氣急敗壞，親自下令立即指示作為重大案件展開大搜捕，逮捕原告。9月7日，兩名原告在訴狀遞交兩週後在北京被捕。

朱柯明、王傑被捕後很長時間沒有任何消息。江澤民和羅幹沒有什麼要問的，只是要發洩私憤。於是，公安對朱柯明和王傑沒有審訊，只有猛烈毆打與酷刑。但二人毫不畏懼，寧死不屈。

大陸公民王傑受到的迫害尤為慘烈。2000年11月30日，由於酷刑折磨，王傑被「保外候審」，以便身體好轉再抓回去繼續迫害。家人見到時已經完全意識不清、大小便失禁，體重由被抓時的70公斤降至50公斤，需要隔天洗腎一次。

王傑被送進北京友誼醫院，警察每天在醫院監視。王傑身體一直沒有起色，也不開口說話。後來王傑被接回家調養，情況有所緩解，但身體仍然動不了，更不能走。家人問及在裏面受了什麼苦，王傑不答，只是流淚。

2001年4月中下旬，王傑在好心人的幫助下轉輾來到海外。受過迫害的王傑身體極度虛弱，夜間睡覺時為了維持呼吸，竟然需要慢慢解去內褲，以減輕腰間鬆緊帶造成的些微壓力。王傑曾告訴一位學員：「渣滓洞的刑罰我都受了。」

在法輪功學員們的鼓勵下王傑終於說，明慧網上報導的迫害法輪功的酷刑他幾乎都受過。警察常用東西把人裹起來狠打，這樣打看不出外傷，腳腕處曾被銬得露出了骨頭。最痛苦的是「警察用膝關節磕我腎臟」，疼得昏迷了一個月⋯⋯

王傑說他從來沒有怕過那些酷刑，但因被打傷了中樞神經，他再也沒有恢復健康。由於內傷，他出虛汗、吐血，有時只吃一兩口飯，血就噴出一兩米遠。2001年6月18日夜，訴江勇士王傑倒在洗手間的地上去世，時年38歲。

2001年4月，朱柯明的家人接到通知，朱柯明被秘密判刑五年，關在天津茶澱監獄。警察說只要他寫背叛誣衊法輪功的「四書」就可以出去，這也說明朱柯明根本沒罪。朱柯明堅持信仰不妥協，遭受電刑等折磨，三分之二的牙齒脫落。

朱柯明每月都寫上訴書，但獄方並沒有為其把信遞達有關部門。從2001年8月起，香港等地法輪功學員多次呼籲釋放香港居民朱柯明，美聯社、BBC、法新社、《蘋果日報》等海外媒體都曾予以報導。他出獄後繼續呼籲停止迫害法輪功。

第九節 輸出恐怖 人神共憤

江澤民向世界輸出中共對法輪功的高壓迫害，
卻引發當地人民大規模抗議，反而學煉法輪功……

在江澤民企圖用減少5億美元的貿易順差為條件引渡法輪功創始人未果，曾慶紅向特務部門秘密下達了暗殺令，由國家安全部和總參聯合組建了一個特別行動組，搜集法輪功創始人的行蹤，招募、訓練殺手，準備暗殺李洪志先生。

2000年12月，江獲悉李洪志先生準備到臺灣講法，即秘密聯繫臺灣黑社會開價700萬美元，準備暗殺行動。法輪功創始人早已瞭解他們的動向，最後時刻宣佈改變赴臺計畫，使江白白花了冤枉錢，氣得他咬牙跺腳。

江澤民氣急敗壞，命令國安和總參招募訓練一批亡命徒，尋機暗殺李洪志先生。他們仿效「斯里蘭卡猛虎組織」，招募婦女訓練為「人體炸彈」組成了「敢死隊」，準備派到美國，混進法輪功學員心得交流會進行暗殺。

2001年，江澤民得到密報，說李先生要在香港法輪功心得交流會上講法，江下達密令進行暗殺。總參、國家安全部及公安部三方聯手，制定了「114」暗殺行動計畫，香港及澳門幾乎所有的黑社會集團均被中共威逼利誘而涉入暗殺行動。

但1月14日，法輪功創始人遲遲沒有出現，埋伏的特務們焦躁起來。最後在修煉體會交流會即將結束之際，主持人念了法輪功創始人從美國發給大會的賀詞，暗殺又一次落空。江澤民與曾慶紅才知道法輪功創始人已經洞悉刺殺陰謀。

多次刺殺未果，江的心裏開始膽戰心驚。彷彿是天意的懲罰，江的別動隊殺手也一個個莫名其妙接連遭遇車禍等意外事故而最終解體。刺殺陰謀最終不了了之。

自從2003年洛杉磯法會之後，法輪功創始人幾乎每次美國大型法輪功活動都參加，而且長時間回答學員們的問題。

2005年，雪梨中領館政治事務領事陳用林和天津「610」一級警督郝鳳軍棄暗投明，在澳洲證明法輪功學員在世界各地受到中共特務的騷擾、威脅。他們要求間諜們最好主動站出來，否則將把他們手中保留的間諜名單交給外國政府。

陳用林和郝鳳軍證實，中共有強大的間諜網路在海外運作，僅澳洲就有近千名中共間諜，加拿大也有千名。他們為了破壞法輪功的活動而採用了多種間諜手段。中共將國家恐怖主義之手伸向海外，實施群體滅絕犯罪。

每當江澤民出訪，中領館都花錢組織當地華人當「紅色歡迎人群」，遮擋法輪功的請願人群和橫幅。2002年4月，江澤民出訪德國，害怕見到法輪功，而希望德國警察把黃色和藍色隔絕在他的視線之外。

江疑神疑鬼，心虛得甚至讓警察把他車隊沿途的下水道井蓋兒焊死。從酒店進出，江澤民也不敢走正門，而是從運送垃圾的通道出入，並頻繁改動時間表和行車路線，令德國警察嘖有煩言。

江澤民派人在海外收集法輪功學員的名字，出訪時作為黑名單要求該國政府拒絕法輪功學員入境。6月13日，江到冰島訪問，欲脅迫冰島政府也這樣做，結果在小小冰島引發了數千當地民眾對江的抗議遊行等活動。

江抵達當天，450位冰島議員、名人在最大的報紙刊出四個整版廣告，題為中文「對不起」，說：「冰島政府屈從中國獨裁者江澤民，拒絕法輪功學員進入冰島和平抗議是錯誤的決定。冰島人民感到羞愧，向全體法輪功學員道歉。」

江出國的另一個標誌是永遠與陰風、怪雲相伴。江去冰島首都附近一個著名的噴泉參觀，剛一到，噴泉忽然噴出半邊黑色污濁的水柱，那半邊水柱對應的天空同時也烏雲密佈。有當地的居民驚歎道：從未見過如此黑的泉水噴出。

第六章 迫害正信
第十節 自焚偽案 黑幕驚天

一年多的迫害，大眾卻不願參與，
江絞盡腦汁，上演了令世界震驚的一幕……

江澤民鎮壓法輪功一年了，謠也造了很多，批判文章也寫了不少，但從中央到地方都反對鎮壓。江澤民鬱悶加犯愁，病倒住進了301醫院。在醫院的病床上，他還琢磨著怎麼整治法輪功，掀起全民仇恨法輪功的情緒。

西元2001年1月23日，是中國農曆的大年三十，正當千家萬戶歡歡喜喜迎接新年，天安門廣場卻上演了一出震驚中外的「自焚慘劇」。新華社對外稱五名「法輪功練習者」在天安門「自焚」。

電視中悲慘和荒謬的鏡頭蒙蔽了中國老百姓，官方宣傳機器此時也全力開動，各色各樣的人爭先恐後地在電視裏義憤填膺地「聲討」法輪功。江澤民終於達到了目的。

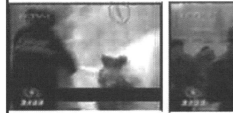

1，浓雾中一条手臂向刘头部挥去　2，3，刘随即倒下，一个棍子从刘头部弹出

4，5，棍子飞向左前方 5，6，镜头随武警返回右边，一人还保持着用力的姿势

同時，海外多家媒體卻對「自焚」事件提出質疑。慢鏡頭清楚表明，當場死亡的劉春玲是在現場被用重物擊打致死。煙霧中可以看見揮動的手臂接近劉春玲的頭部（1），一名身穿大衣的男子正好站在出手打擊的方位（6）。

十二天以後，美國著名的《華盛頓郵報》在頭版發表相關報導《自焚的火焰照亮了中國的黑幕——當眾自焚的動機乃為加強對法輪功的鬥爭》，公佈了記者去劉春玲家鄉開封調查的結果：從來沒人見到劉春玲練過法輪功。

中央電視臺的自焚錄影充滿了破綻，更多的疑點還包括天安門廣場的滅火器從何而來？近距離鏡頭是誰拍攝的？為什麼兩自焚的「組織者」自己沒自焚？為什麼劉葆榮喝了超過人體承受量的汽油沒死？

當央視《焦點訪談》女記者李玉強事後在團河勞教所採訪時，被非法關押的法輪功學員趙明質疑王進東兩腿之間完好的雪碧瓶。她解釋：「那是我們補拍的鏡頭，如果知道露餡兒就不放那個鏡頭了。」

2001年8月14日，國際教育發展組織在聯合國會議上發表正式聲明，經分析整個自焚事件是由中共政府一手導演的。當時中共代表團噤若寒蟬，連抵賴的機會都放棄了。

「自焚」後不久，在中國出版十年的小說《黃禍》突然遭到查禁。小說中有一個情節是有人買通絕症患者自焚，以達到栽贓他人並進行政治迫害的目的。這顯然是中共心虛，怕被人聯想到「天安門自焚」的真實情況。

2002年3月5日晚上，長春八個有線電視頻道被插播了《是自焚還是騙局？》等法輪功真相片，把《焦點訪談》的錄影用慢鏡頭指出破綻。第二天，在辦公室、在公共汽車上、在學校、在商店，人們都在議論著。

插播當晚，江澤民聽到消息後哆嗦了幾分鐘，做出激烈的反應，揮動的拳頭砸在桌子上：「把曾慶紅和羅幹給我叫來，馬上叫來！」江的秘書雖然經常看到他發脾氣，但像今天這樣失去理智和狂暴還是頭一次。

江澤民緊急命令軍隊和武警進入戰備狀態。羅幹向公安下令一週之內破案，江在一旁吆喝：「發現插播電視的法輪功人員，可以立即開槍打死，『殺無赦』！我擔保打死法輪功不負任何責任！破不了案全部撤職！」

12日，法輪功學員劉海波因被懷疑為插播者提供住所，被寬城公安分局刑訊逼供致死。長春市委副書記常小平下令：1)對法輪功不怕流血死人；2)做好保密工作，防止造成國際影響；3)對法輪功人員死傷不調查。

24日，插播者劉成軍被綁架，警察已給他戴上手銬腳鐐，卻蓄意朝腿上開了兩槍，造成重傷。劉在看守所又遭殘酷迫害，庭審時反復被拉出去電擊，被非法判刑19年，2003年12月26日，在長春的監獄被迫害致死。

第十一節　栽贓陷害 欲蓋彌彰

羅想升官，江想保位，想把迫害法輪功作為政績，
但如何才能讓中外人士支持鎮壓善良群體？於是……

羅幹從一開始就對鎮壓法輪功很賣力。他認定了這是將來江澤民讓他擠進政治局常委的門票，因此不遺餘力。果然他在十六大上被江安插進政治局常委的位置。

片警：派出所的警員。

早在1999年5月鎮壓還在醞釀，江澤民和羅幹就策劃過一個陷阱：通過片警、便衣、特務向法輪功學員散佈去北京香山集體活動的假消息。同時在香山調集部隊佈下陷阱，準備製造「法輪功學員香山集體自殺」事件。

但是沒有一個法輪功學員去香山。片警、便衣等向法輪功民眾傳達的「集會日期」從5月1日到9月9日改了三次，法輪功學員仍不上當。後來只好策劃了由自己人上演的「自焚」等一系列「自殺」、「殺人」偽案。

因為抓不住證據，羅幹的主要精力放在「造假證」栽贓上。99年初，公安部門就開始把各種封建迷信活動的事實「改編」為法輪功「證據」，進行了大量的工作，栽贓法輪功。

但公安部負責人說，由於製造相應的「證據」時間不夠，過於倉促，受到質疑，無法應對。例如，親身接受法輪功創始人治病痊癒的人，非常難以轉化，不得不採取拘押、限制人身自由的方式，以防止真相迅速擴散。

天津市公安局國保局以叛國罪判處無期或槍決，來逼邯鄲鋼鐵公司總工程師景占義否認他因修煉法輪功而出現的神奇現象。老人妥協被判了8年。隨後《焦點訪談》播出了這條中共聲稱法輪功是偽科學的「證據」。

造假新聞時，前「610」一級警司郝鳳軍就在現場。因為對記者說：「這不是謊言嗎？」他在中國北方零下幾度，沒有任何取暖設施的房間內，被關了二十多天的禁閉。後來郝2005年出走澳大利亞避難透露實情。

2001年美國「911」事件之後，反恐成為西方社會的頭等大事。江澤民看到西方人熱衷反恐，就想如果把那些他不喜歡的團體，包括法輪功說成恐怖組織，那麼他的鎮壓就和西方世界接軌了。誰還會反對他呢？

這些年法輪功在社會上大量郵寄真相資料，揭露江的造謠誣陷，尤其是自焚偽案的真相，這被江澤民視為心頭大患。既想給法輪功抹上「恐怖」色彩，又想阻止民眾接受郵寄真相資料，江澤民一夥便鬧出了以下的笑話。

「911」後不久，美國出現了被投放炭疽病菌的郵件。2001年10月18日，外交部發言人孫玉璽稱16日在中國發現兩封懷疑帶有炭疽病菌的郵件，並明指郵件是「法輪功真相」資料。

炭疽病菌的消息最早是香港《明報》透露的。《明報》長期和中共的關係密切，在香港有近50年的歷史，並相繼在加拿大、美東、美西發刊。

海外媒體馬上有人撰文質疑，16日發現了炭疽菌，郵局為何失職到18日才發出緊急通知？而且哪個人幹這種事會把標籤貼在自己臉上呢？如果炭疽菌真是夾在一本有關法輪功的書本內寄出的，那麼更證明是有人栽贓法輪功學員。

因為孫玉璽的「言」和羅幹準備的「行」沒有協調好，搞得很狼狽。10月23日，公安部被迫聲明，那信裏沒有炭疽桿菌。海外媒體紛紛指責中共的卑鄙愚劣行徑。

孫玉璽25日被外交部予以警告處份，原因是「失言而又未及時補救，造成極其惡劣的外交後果」。後來當戰火瀰漫的阿富汗沒有一塊安全之地時，孫被調到那裏去當大使。

第十二節 四海聲討 江賊鼠竄

對法輪功的迫害受到世界各國正義人士的反對，
江出訪最怕見和平請願與聲討的人群⋯⋯

鎮壓法輪功後，海外法輪功學員開展了呼籲和營救活動。2000年9月紐約世界首腦高峰會期間，世界各地約兩千法輪功學員都集中到紐約來「歡迎」江澤民。紐約街道上到處是身穿黃色「法輪大法」T恤的學員。

法輪功的大規模活動從9月5日開始。這天他們在全紐約的六、七個地方集體煉功和派發傳單。除了在曼哈頓江澤民住的華爾道夫酒店和其他象徵性地區外，還深入華人聚居的三個唐人街。

9月6日中午，一千多名學員呼籲「停止迫害法輪功」的遊行沿第三大道北行到聯合國哈瑪紹廣場，前後佔據八條街口。這是一年多前法輪功遭鎮壓後，出現的最大規模的遊行場面。

一位身穿黃T恤的法輪功學員巧遇紐約市長朱利安尼先生。市長先生看了看學員黃T恤上的英文呼籲「中國：停止迫害法輪功」後，對學員說：「You are doing the right thing」（你們正在做一件正確的事）。

江澤民怕得要命，為了躲避法輪功學員使盡了渾身解數。江甚至給紐約警方壓力，妄圖禁止法輪功學員在某些區域穿黃T恤。可他還是時時處處碰到法輪功學員，始終逃不出包圍圈。

8日中午，江正要離開華爾道夫酒店時，一位法輪功學員走到離江一米遠的地方大聲呼籲：「請釋放法輪功學員！」江頓時臉色大變，巴掌不自覺地舉了起來，身體顫抖不止。記者與隨從也聽到了這個和平呼籲。

驚魂未定，江就在他車隊的第一個轉彎處，看到法輪功學員迎面高高舉起一面橫幅，上寫斗大的英文字母：「煉法輪功是一種權利」。江看後頓時身體猛地往後一仰，渾身哆嗦。車裏有人看了一眼橫幅，趕緊低頭。

9日，江要離開紐約，法輪功學員在街對面煉功。他們舉著「停止迫害法輪功」、「善惡有報」等標語牌，表達心願。中共使團官員讓空車隊從正門出發虛張聲勢，同時，江從側門溜出。

可是沒想到江的車一出來，正遇到四位法輪功學員打著英文橫幅「法輪大法」。等車一轉到前面，法輪功學員舉著標語牌及煉功的場面又出現在江眼前。江怎麼逃也逃不出法輪功的「包圍圈」。

2001年11月20日下午2點，36名來自15個國家的西方法輪功學員在天安門廣場拉起了一面巨大的橫幅，上面寫著「真善忍」三個大字。他們身後是天安門上的標語「世界人民大團結萬歲」。

負責攝影的奇普卡激動地說：「這是我一生中所見到過的最偉大、最莊嚴的場面。」另一名參加者森圖里安後來描述說：「不到一分鐘，警車呼嘯而至，迅速包圍了我們，法輪功學員們被警察毆打、逮捕，強行拖走。」

他們來自15個國家，只簡單約定了時間地點，誰想去都可以。參加者拉米甚說：「我們出來援助大陸同修，想讓中國人民知道全世界都有人在煉法輪功，迫害是絕不能被接受的。中國的江政府在欺騙他們。」

雖然這次抗議只有一分鐘，但36位西人勇士回到西方世界，西方各大媒體掀起一輪對中共迫害法輪功的大量採訪報導。江澤民想藉「自焚」偽案把法輪功在全世界搞臭的夢想化為泡影。

江澤民害怕老百姓問：既然政府說法輪功「危害社會」、「危害人類」，難道西方社會就不怕「危害」他們的社會麼？法輪功為什麼使其他不同種族和文化的人受益呢？江不得不把迫害法輪功的聲勢全面轉入地下。

第十三節　良禽擇木　棄暗投明

江澤民使迫害步步升級，令世界譁然，
連他的手下都不忍再幹，紛紛棄暗投明⋯⋯

江澤民對法輪功要「名譽上搞臭、經濟上搞垮、肉體上消滅」。2000年5月，中共密令不需逮捕證可任意逮捕法輪功學員。10月，上萬名法輪功學員走上天安門廣場打橫幅，拒絕無理抓捕，並有千人集體煉功。

法輪功學員和平請願，從不還手。儘管江使用中共幾十年整人手段的精髓來迫害，法輪功依然不屈服。中共政治局裏的人都在看江的笑話。江對信仰的理解停留在中共階級鬥爭的舊思維中，不知道怎麼才能嚇住法輪功學員。

有時法輪功學員有如神助。2000年10月份，河南省南陽市十多名法輪功學員被當地「610」警察遣送回看守所。一進號裏，十多個人的手銬同時脫落。驚得獄警和其他犯人目瞪口呆，不敢難為法輪功學員了。江澤民看了彙報直冒冷汗。

此時江所能做的就是用權錢加緊收買。江澤民規定「610」新老成員和勞教所警察獎金、升遷等要和被關押法輪功學員的「轉化率」聯繫。在江和中共的威逼利誘下，一些人喪失了良知，用殘酷手段折磨法輪功學員。

山東濰坊的農村婦女陳子秀，58歲，因為不放棄信仰，被酷刑折磨，曾衣衫單薄地光腳在雪地裏跑。被折磨致死後，她的屍體慘不忍睹，警察卻聲稱陳死於心臟病，還向她女兒勒索了3000元管理費和伙食費。

美國《華爾街日報》記者採訪報導了陳子秀的新聞，因此獲得了美國新聞界中的最高獎——普立茲獎。陳子秀的女兒卻因為說了真話被非法關押，不准親人探望。

參與迫害的還有精神病醫院。那裏除了警察就是打手，根本就不是醫院。他們對正常人使用精神藥物迫害。昌平精神病院的打手每晚強姦一名九歲的小女孩——她父母都因修煉法輪功被迫害致死。

在江的強權下，仍有人不願配合迫害。江為了加大打擊法輪功的力度，就將國內安全保衛局原政保處和「610」辦公室工作合併起來，擴大職權範圍，可以佈置檢查工作，並可對同級單位下發指令。

儘管待遇高權利大，「610」辦公室對內公開的人員招聘，應者無幾，最後只好搞電腦硬性抽籤指派。警察們不願參與迫害，都說「610」的人不務正業，不幹正事。很多有正義感的警察都抵制迫害。

原天津「610」一級警司郝鳳軍描述：「在『610辦公室』總是半掩著嘴說話，聲音儘量放小，一邊講眼睛還要一邊看。長期在這種氣氛裏，即使在公開場合，也習慣了這種講話方式，鬼鬼祟祟。其他同事都說：『610』的警察是神經病。」

郝鳳軍曾奉命前往天津市南開分局看守所，正看見法輪功學員孫緹眼睛被打成了一條縫，審她的國保局「610」辦公室二隊隊長穆瑞利手上還拿著一根直徑1.5公分帶血跡的螺紋鋼棍，審訊桌上擺有一個高壓電棍。

孫緹撩開上衣，後背幾乎沒有皮膚顏色，全是黑紫的，還有兩道長約20公分的裂口，鮮血在慢慢的往外滲。警察仍在用一條半米長的鐵棒打她。郝鳳軍說：「當我看到這一幕時，我知道我自己沒法做這份工作。」

郝就曾因為出言制止迫害，在零下幾度沒有取暖設備的房間中被關禁閉二十多天，後在2005年逃亡到澳洲。從雪梨中領館出逃、負責政治事務的領事陳用林和郝鳳軍在集會上一起站出來，揭露中共在海內外種種迫害法輪功的內幕。

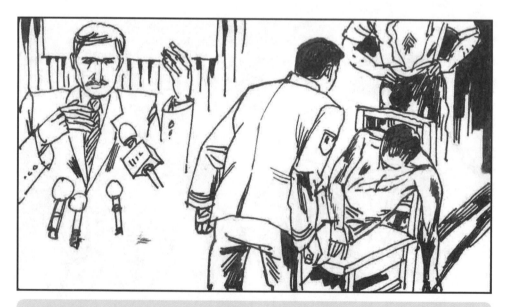

第三名出逃澳洲的不願透露姓名的前中共公安人員，通過坎培拉律師克拉瑞告訴澳大利亞廣播公司夜線節目：「他聽到警察局中的毒打聲，趕去干涉，但被告知離開。他看到那個裸體男人的頭倒在椅子中，雙腿伸開，已經死去……」

瀋陽市公安局副局長韓廣生2001年9月出逃到加拿大。他說：「當時首要的任務是阻止法輪功學員進京上訪。瀋陽市如果在一個月內有三個以上的法輪功學員進京上訪，副書記甚至書記要做檢討。各市只好動用警力財力來截訪。」

韓廣生說：「省級馬三家教養院為了提高轉化率，對法輪功學員實施多種虐待，開始我也不知道，後來遼寧省司法廳要各市都到馬三家去學習轉化經驗。基本經驗就是用電棍！省裏要求市級龍山教養院也要用電棍。」

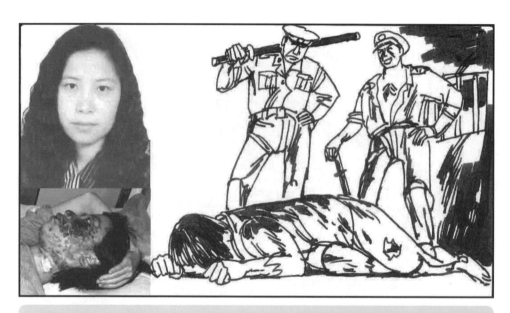

2004年5月7日，瀋陽魯迅美術學院財務處職工高蓉蓉因修煉法輪功，遭到龍山教養院唐玉寶、姜兆華等人連續6個多小時的電擊，被嚴重毀容。一年之後，高蓉蓉被迫害致死。

1999年「七‧二零」迄今，經海外核實，有數十萬法輪功學員被非法羈押、勞教、送精神病院等遭受肉體和精神迫害。截至2011年5月，有超過三千四百名法輪功學員被迫害致死。在中共的封鎖下，估計有50萬人失蹤，而且數量與日俱增。

第十四節 海外起訴 風起雲湧

對中國各界正義人士的迫害激起全球各團體的起訴，
江澤民成為歷史上受起訴最多的政府頭子……

江澤民對法輪功的迫害，完全違反了中國的法律，也違反了國際公約。2002年10月，在江澤民訪問美國芝加哥期間，法輪功學員成功地完成了遞送傳票的程序，把江澤民告上了美國法庭。

民間也發起了規模浩大的對江澤民的道義審判。人們在公共地方集會，對江進行模擬審判。2003年9月30日，四大洲八十多個團體和個人共同發起和加盟的全球審江大聯盟宣告成立。

除了江澤民本人外，江迫害法輪功的追隨者——羅幹、周永康、劉京、李嵐清、曾慶紅、薄熙來等，紛紛遭到起訴。他們中有人被起訴數十次之多。

湖北省公安廳副廳長趙志飛、北京市長劉淇、遼寧省副省長夏德仁被先後判定有罪。他們被控以非法致死、酷刑、反人類罪及其它粗暴違犯國際人權法案的罪行迫害法輪功學員。

中共駐加拿大多倫多副總領事潘新春被控2003年5月1日在當地英文報紙發表文章，攻擊多倫多地產經紀人、法輪功義務發言人喬‧契普卡。法庭判誹謗罪成立，潘畏罪潛逃回國。

甘肅省委書記蘇榮在尚比亞訪問期間被控犯有謀殺、酷刑和侮辱罪行，因蘇沒有如期出庭而遭到通緝。蘇經過近十天的逃亡，輾轉辛巴威和南非回到中國。事後蘇說「再不輕易出國了」。

中國前教育部長、現任國務委員陳至立於2004年7月19日在坦尚尼亞訪問期間，被指控在中國教育系統對法輪功學員實施酷刑和虐殺，並於7月19日被迫出庭應訊。

2003年3月，國際監察組織「法網恢恢」向聯合國人權監察機構遞交了關於中共迫害法輪功的報告，共四千多頁。報告上有一萬一千多名「610」官員、警察及其他涉及迫害法輪功者的姓名和罪行細節。

2003年1月，「追查國際」在美國成立。該組織致力於全面追查參與迫害法輪功的一切相關組織和個人，收集證據，與各國政府和相關國際機構密切合作，尋求對這場迫害中的罪犯進行全面的歷史性審判。

2003年9月，加拿大法輪大法學會向加拿大「反人類和戰爭罪方案」官員遞交了包括江澤民在內的15名迫害法輪功人員（後增至45名）的罪行及相關證據。這些人如試圖進入加拿大會立即受到調查。

2004年3月9日，「法輪功之友」和「追查國際」向美國政府提交了包括江澤民、羅幹、劉京、周永康等102名參與迫害法輪功的主要責任人名單，要求美國政府禁止這些人員入境美國。

全世界針對江澤民及其追隨者迫害法輪功的法律訴訟案風起雲湧，對迫害法輪功的中共官員形成圍堵之勢。國際社會稱這場全球起訴是二戰後起訴納粹之後，最大的一起全球對某一犯罪集團成員的國際人權訴訟。

中共一些官員開始「留後路」，收集證據證明自己「無辜被迫」執行610辦公室的命令。「610」則緊急內部收回自1999年非法鎮壓法輪功以來發放的迫害法輪功文件及資料。

江澤民對法輪功的迫害政策已經走向眾叛親離，窮途末路。面對無處不在的天羅地網，江澤民此時的處境正應了一句古話：多行不義必自斃。

第十五節　邪靈現形　罪惡滔天

1999年7月，江與中共互相利用迫害法輪功，
用盡了歷史上最邪惡的手段，很多聳人聽聞的事在中國發生……

注意：本節有慘烈的真實畫面和照片，提醒讀者做好心理準備

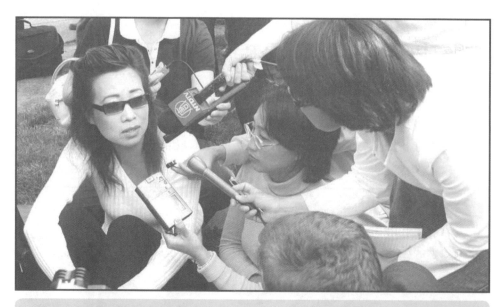

2006年，美國大紀元報社來了一名神秘客人，她叫安妮，前夫曾是蘇家屯瀋陽血栓中心的優秀大夫。她為了給家人贖罪，透露了一個駭人聽聞的大秘密。後來她鼓足勇氣，在公開場合接受了各大媒體記者的採訪。

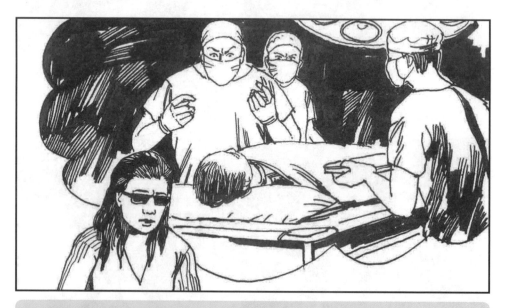

2001年，醫院邪黨的領導叫她丈夫參與活體摘除法輪功學員器官的絕密行動，負責摘取眼角膜。兩年中僅他一人就做過近二千例。為了不被人發現醫院手術用的麻藥用量增加，他們很少用麻藥。

器官被摘除後，氣息尚存的法輪功學員被直接送到焚屍爐中焚化，情景無比慘烈。那些負責焚化的工人開始都很窮，因為搜刮這些法輪功學員身上的遺物而很快富裕起來。

安妮的丈夫在日記中寫到，一次手術中，他看到遇害人身上帶著印有法輪的護身符，寫著「媽媽，生日快樂！」參與活體摘除法輪功學員器官的醫生們都常做惡夢，為減輕精神壓力，有些人去嫖妓、酗酒。

安妮發現丈夫總是精神恍惚、發愣、盜汗，他受不了這種壓力，不得不跟安妮
講了自己幹的殺人工作。安妮非常震驚，說他再也不能拿起手術刀當大夫了。
為了擺脫中共威脅、不再行惡，他們移民加拿大。

蘇家屯活體摘取器官的事實被揭露後，又傳來了更多消息。在大陸的一位老軍
醫說，據他瞭解，僅蘇家屯這樣的秘密集中營，全國至少有36處。在普通的勞
教所，也都在發生著活體摘取法輪功學員器官的事。

根據很多法輪功學員的回憶，他們進勞教所後都被強行驗血，成為了中國非法
人體器官庫的活體儲備。1999年以後，中國器官移植手術的數量呈指數增長。
每年器官移植手術的數量，遠遠高於官方公佈的死刑犯人數。

2006年4月20日，布希與胡錦濤白宮會晤。在麥佛森廣場法輪功學員的新聞發佈
會，安妮和知情人皮特首次公開現身，在國際聚焦中國的時刻冒被中共滅口的
風險做證：中國正發生大規模盜賣和活體摘除法輪功學員器官的罪惡！

1999年7月鎮壓法輪功後，中國邪事不斷。2006年2月25日，甘肅一牧羊人在天祝縣大灣口發現很多人頭，竟有121個。這些人被害時間不久，面部肌肉尚存，天靈蓋都被齊耳鋸掉，面部表情非常驚恐痛苦。

對此，甘肅省公安廳和中共的媒體敷衍說是猴頭，但骷髏上發現有鬍鬚假牙，且頜骨是人類的特徵，而非猴子那麼狹窄。緊接著甘肅公安廳接到上級命令，要他們不要再調查此案了。

同時有消息說，共產邪黨的頭子江澤民非常喜歡吃人腦做的補品，從來沒有缺少過這樣的食物。而且，中共惡黨頭子們吃人腦是有歷史的。

以前中共對世界各國「輸出革命」。當地人民覺悟後，一些罪證被發現。在柬埔寨展出紅色高棉集中營罪惡的博物館中，陳列著為柬共高級官員取食活人腦的「取腦機」，用的是中共「老師」傳授的方法。

1999年8月，德國納粹後代哈根斯和中國人隋鴻錦在大連註冊了塑化人體標本加工廠。去工廠參觀的記者不准拍照加工屍體的面部。他們承認這些屍體全部來自中國。為了不讓家屬辨認出，塑化後的屍體標本全部都被剝去人皮。

這些屍體中有年輕人，有8月懷胎的孕婦，有的還保持著死前痛苦的表情。他們把這些標本在全世界巡迴展出賺錢。因為違反了人權法案，展覽引起國際人權組織關注和很大的爭議。人們懷疑這裏有很多是被迫害致死的法輪功學員。

實際上從共產邪黨「鬧革命」的紅軍時期開始，中共各地幹部們就有使用活剝人皮、挖心、開水煮、砍頭等等酷刑，對所謂「革命物件」做「革命化處理」，甚至把受害人的器官及人肉烹製成各式「佳餚」吃掉。

共產邪黨奪取政權後，他們更在歷次運動中組織了大規模的酷刑殺戮，「三反五反」時在廣西等地還發生過有組織的大規模吃人事件。那時組織這些事件的中共幹部和主要責任人至今還逍遙法外，甚至升官發財。

中共使用活體器官由來已久，甚至所謂的「犯人」在被提取器官之前也並沒有死亡。文革時候黎蓮等「反革命犯」被摘取腎臟的故事更是家喻戶曉。

中共用盡了歷史上一切邪惡恐怖手段迫害法輪功，是人類歷史上登峰造極的邪惡！在全球正義力量的支持下，「赴中國大陸調查法輪功受迫害真相聯合調查團」成立，真相必將大白於天下，江澤民及其中共走狗將受到應有的懲罰！

二戰剛開始，美國政要就被告知納粹迫害的殘酷。因為太聳人聽聞，人們難以置信而沒有制止。當聯軍打進納粹集中營卻被現實驚呆了。因此1948年聯合國大會通過《防止及懲辦滅絕種族罪公約》，人類以此保證這樣的悲劇絕不會重演。

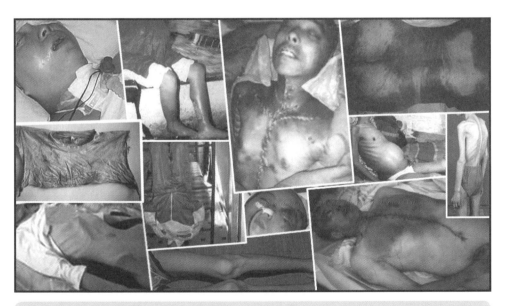

50年後的1999年，江澤民和中共集古今中外的一切邪惡手段，對法輪功學員進行比納粹更殘酷的大屠殺，群體滅絕波及全世界。2006年3月，又有證人向《大紀元》報社揭露中共活摘法輪功學員器官，可是社會各界對此消息都難以相信。

「六四」後，中共和各國政府有秘密協定，不公開指責中共的人權問題，所以世界各國的首腦們為了經濟利益，對中共迫害法輪功也私下交涉。但是各國政府這樣做實際是失敗的，因為他們面對的是前所未有的流氓。

2006年5月，歐盟議會副主席愛德華赴中港臺考察中國人權狀況，在北京專門會見了法輪功學員曹東和牛進平。曹東敘述曾親眼看到功友身體上被器官摘除後留下的洞，是目睹「丟失器官的屍體」的重要人證。

談話後，曹東失蹤，牛進平被軟禁。負責翻譯的美國人Steven被國安蒙頭綁架，還逼迫他給美國發出短信，表示自己「安全」，經恐嚇後被驅逐出境。愛德華對此表示震驚，並關注證人的安全。

中國維權律師高智晟，曾代理多起法輪功學員受迫害案，自己也遭受綁架，被跟蹤、毆打、吊銷律師執照等迫害。他走遍中國，為法輪功學員和受中共迫害的人們呼籲正義良知，受到國際社會關注支援。江懷恨在心。

活摘器官曝光後，高智晟支持調查，並成為國際聯合調查團的大陸成員。此外盲人維權人士陳光誠、為愛滋病呼籲的正義人士胡佳、山東大學孫文廣教授等等為中國的良知、正義呼喚的力量，正在彙聚成一股反迫害的浪潮。

2006年4月20日，美國總統布希在白宮舉行歡迎中國國家主席胡錦濤的儀式。正調查活體摘除法輪功學員器官事件的醫生王文怡呼籲布希敦促胡錦濤停止迫害法輪功。各大媒體分別採訪了她和法輪功發言人，開始關注對法輪功的迫害。

美國政府按外交慣例起訴了王文怡，人們紛紛穿上支持王文怡的T恤衫聲援正義的訴求。美國基督教領袖到白宮前長跪，要求美國政府撤訴並表態反對中共迫害法輪功。聯邦法院一再推遲開庭，最終政府撤銷了起訴。

同時，加拿大前亞太司司長、資深國會議員大衛‧喬高和國際人權律師大衛‧麥塔斯受「法輪功受迫害真相聯合調查團」（CIPFG）委託所組成的獨立調查組也在加緊工作，調查中共活體摘取法輪功學員器官的真實性。

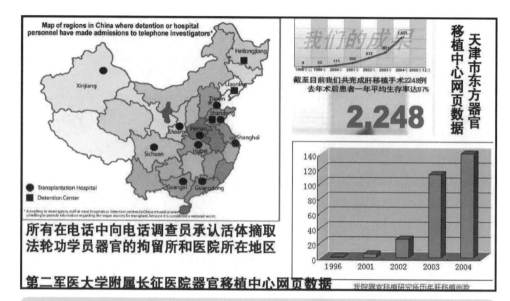

兩位調查員查閱了大量的資料，發現了很多疑點。特別是在中國官方公佈的資料中，1994年至1999年的迫害前的五年，器官移植總數是一萬八千五百個，但2000年至2005年的迫害中的五年數量上升到六萬個，四萬多個器官來源不明。

為了調查這四萬多個器官的來源，他們參考了大量打往中國醫院的電話記錄，接觸世界各地的證人，證實器官來源為法輪功學員。有些大陸醫院為招攬生意，電話中明確告知器官取自年輕健康、活著的法輪功學員。

經過兩個月的調查、取證，2006年7月6日，喬高和麥塔斯向全世界公開了68頁的《關於指控中共摘取法輪功學員器官的調查報告》，分析了18類證據和反證，結論是對中共盜取法輪功學員器官的指控屬實，並且仍在繼續。

這是「這個星球上前所未有的邪惡」。2006年7月6日，渥太華，國際人權律師大衛·麥塔斯在公開《關於指控中共摘取法輪功學員器官的調查報告》的新聞媒體發佈會上這樣說。活摘器官的事實通過各大媒體傳遍世界。

他們提出了七點建議，包括督促聯合國和各國政府介入展開調查，各國應制定法律禁止器官買賣，禁止本國國民到中國接受器官移植，不從物資技術上對中國器官移植的相關機構提供支援等。

全球各大媒體又一次聚焦「迫害法輪功」。CTV、CBC等加拿大主要媒體現場直播調查員的新聞發佈會，並滾動報導這個事件，世界各媒體爭相轉載。人們震驚了，不敢相信又不得不信，紛紛譴責這一滅絕人性的罪惡。

江澤民和中共互相利用，一直秘密迫害法輪功，可是墨寫的謊言怎能掩蓋血寫的事實？這種納粹都不曾犯過的罪行激起了民眾的憤慨，紛紛向報社投稿，向各國首腦和國會議員們寫信、寄明信片，呼籲調查和停止迫害。

對此加拿大各黨議員表示：「不但加拿大政府要採取行動，我們還要和其他國家政府合作調查，把調查結果提交到國際法庭，起訴和懲辦相關人員。」善惡必報，江及其中共爪牙必將被釘在人類歷史的恥辱柱上。

第一節 共產「國母」宋祖英

湘西貧困戶的一個苗家女子，被年齡能做她爺爺的人看上，
於是這個有夫之婦被中國百姓茶餘飯後笑稱為「國母」……

1966年8月1日，宋祖英生於湘西古丈縣的一個貧困的苗族家庭，被選上中央民族學院音樂舞蹈系。比1926年8月17日出生於江蘇省揚州的江澤民整整小40歲。江足可以做宋的爺爺。

1991年中央電視臺的春節晚會上，宋祖英怯生生地演唱了一首《小背簍》。歌兒唱得沒有給人留下什麼印象，但化妝後的宋特別搶眼，被爺爺輩的江澤民相中。

宋祖英被軍委主席江澤民調到了海政歌舞團，成了一名少校文藝官。從此江特喜歡到海政看演出，每次一定要特地加上宋祖英的節目。演出後江上臺攬著宋的手不撒開，兩隻眼睛直勾勾，好像要把她吞進去似的。

一次演出完後，江在與宋握手時偷遞一張小紙條，上寫著：「以後有事找大哥，大哥可以幫助你解決任何事情。」這紙條上所說的「大哥」，就是江澤民自己。宋後來春風得意時，把紙條上的這段話告訴了別人。

江澤民讓宋和丈夫離了婚。離婚後，宋住在海政的招待所裏。江經常在晚上與宋秘密幽會。幽會時，隨從警衛防備很嚴，不許外人接近。為了讓人認不出是江的專車，每次來的車子都換新的牌照。

對於江、宋在招待所幽會，招待所的人雖然內心大為噁心反感，但表面上只當沒看見。一位有正義感的老幹部把江、宋的事情向上級領導反映，可是他卻反而受到了監視，電話被監聽。

為了掩蓋江宋的淫亂醜事，給宋祖英離婚「闢謠」，記者採訪宋時，宋的前夫羅浩要提前到場，但不許他接受採訪，也不許旁聽，而是把他推到套間裏去。宋的「大哥哥」羅浩不得不扮演一個非常尷尬的角色。

1997年一天，一位借調到北京的女歌手乘坐宋祖英的車一同去中央台錄音棚錄小樣，在車上這位女歌手無意中打開工具箱，赫然發現一張自由出入中南海的特殊通行證「中南海紅卡」，頓時驚得目瞪口呆。

不久此事就傳遍總政歌舞團。解放軍系統、廣電系統多次開會，宣佈「不造謠、不傳謠、不信謠」的「政治紀律」，要求必須嚴格遵守。那位女歌手很快被遣回原籍天津。不久後，她就被人從涼臺推下樓滅了口。

在北京，江宋淫亂早在1998年就人盡皆知。人們茶餘飯後用它打發無聊時間。中央電視臺前文藝部主任、曾執導春節聯歡會的趙安，2001年請朋友吃飯，席間宋祖英借酒大談特談她與江的風流豔事，被趙傳了出去。

趙安和歌詞作者張俊以鬧矛盾，張向中央和各級部門發了三百多封匿名信，揭發趙散佈江宋緋聞的事。信中對江宋淫亂描繪得非常詳細，從此大家都知道了這個秘密。但大家都裝不知道，所以張兩年中安然無恙。

後來有人把這事捅到江澤民那裏，江相當憤怒，甚至在政治局會議上大發雷霆以示清白。江下令立即處理，趙安以涉嫌受賄行賄罪被判10年，張俊以也以行賄罪判處6年徒刑。兩人都進去了，江以為缺口堵住了。

江澤民在十六大上搞特別動議，賴在軍委主席的位置上不肯下臺，激怒平民學者呂加平，於是呂加平抖出江宋這段醜聞。江澤民為抓人封口，於2004年2月23日把呂加平從家中抓走。

第二天，網上出現最後通牒，警告江說他和宋的每次幽會都有「專業版」的音像資料，如不馬上釋放呂加平，就會被向全國和全世界公佈。呂加平當天就被釋放。事件平息後，江又把呂加平抓到湖南，永遠消音。

第二節 共產「國母」宋祖英〔續〕

為得「美人」一笑，「江大哥」使盡渾身解數，
常偷盜國庫，還創造了建築史上最大的笑話……

宋祖英呼風喚雨，國家一級演員，享受國務院「政府特殊津貼」，還成了全國政協委員、婦聯執委、青聯委員和中國音樂家協會理事。宋有特權，唱什麼由她自己決定，任何導演、領導和中宣部等上級部門均不得過問。

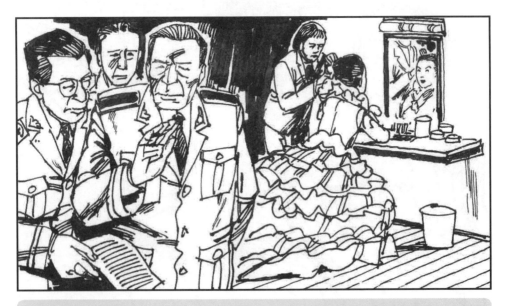

各級領導都清楚討好宋比江更加有效。一次海政歌舞團要到西藏慰問演出，領導發話說：「宋祖英不能去。西藏高原苦寒，小宋要出什麼事，我們對不起總書記。」

2002年夏天，宋祖英到四川某城市舉辦專場演出。經江澤民的親信、中央警衛局局長由喜貴批准，當時的四川省委書記周永康給宋以副總理級以上國家領導人才有資格享受的一級警衛待遇。

宋祖英演唱湖北民歌《龍船調》，有對白：「小妹子要過河，哪個來背我喲？」四、五萬名觀眾齊聲答：「江爺爺來背你喲！」宋下不來台，硬著頭皮接著唱。第二段還有這對白，幾萬觀眾又應聲如雷：「江爺爺來背你喲！」

宋祖英氣得當晚回到賓館哭紅了眼睛。第二天，宋祖英就飛回北京向江澤民告狀。江很生氣，下令該市的市委書記徹查此事。

江澤民要求在轉播宋祖英的演唱時，不許切換鏡頭，保持節目絕對的完整性。市委給中央回話：演出時，現場錄影都是對準臺上，沒有對臺下的，所以無法從幾萬名觀眾中找出「滋事分子」……此事也就不了了之。

為了讓宋祖英高興，江澤民沒少花國庫的鉅款。江撥款數千萬元人民幣，讓宋
到澳大利亞雪梨歌劇院開個人演唱會。

2002年韓國世界盃開幕，主辦方要求派名家去演唱，結果中國派出的是不夠檔
次的宋祖英。尷尬的是，韓國給所有演唱的明星都付了很高的出場費，唯獨沒
付給宋祖英一分錢。

2002年農曆新年前夕，江澤民還花千萬元給宋祖英出首張精選DVD碟，全國上市。

江討宋歡心的最大一個禮物是國家大劇院，佔地11.89萬平方米，總建築面積14.95萬平方米。主體工程總投資26.88億元，週邊工程由北京市投資8億多元，建設工期4年，建成後正式營業尚需開辦費3億元。

大劇院整個專案共需資金38億元，差不多是過去15年希望工程累計接受海內外捐款總和的兩倍，可以資助500萬貧困學生受到教育。

大劇院面臨光污染、維護清洗以及每個月電費高達400萬元等等問題。中國非常缺電。140名兩院院士及114名知名建築師、規劃師及工程師分別聯名上書中央，請求撤銷法國建築師安德魯設計的國家大劇院方案。

法國設計師安德魯涉嫌在贏得大劇院投標過程中舞弊，遭到法國當局調查。他從來沒有設計歌劇院的經驗，而他主持設計的法國戴高樂機場候機廳在2004年5月23日發生屋頂坍塌事故，造成6人死亡，多人受傷。

文化上，大劇院與北京六朝古都的文化傳統完全不般配。實用性上，大劇院只是一件華而不實的擺設。由於設計不合理，大劇院必須向地下挖六至八層樓。建築界認為它是最荒謬的大笑話，直斥其為「完美的糞團」。

大劇院地下入口就像是一條墓道，觀眾得先走過一個水下隧道，再走上去，像是在穿過墳墓的積水。天安門是中國首都北京的中心，在這樣一個地方建一個陰氣十足的墳包，真是令人不可思議。

風水專家認為，「大墳堆」壞了北京的風水，將先人循五行、五帝、四方四象之方位設計徹底破壞，倒陽為陰，京城從此為陰屍氣所罩。這有利於陰類在陽間猖獗。或許這正是江澤民如此青睞這個愚蠢工程的原因。

江澤民當然不會管科學家們是怎麼說的，宋祖英高不高興對江來說更加重要，因此還是執意這個項目上馬完工，以至於有人戲稱這是江安置宋美人的「國家大妓院」。

宋祖英也為維護江澤民的統治使盡渾身解數。她所演唱的都是為中共和江澤民粉飾太平的歌曲，諸如《好日子》、《越來越好》、《繼往開來的領路人》、《永遠跟你走》之類。

第三節 下流財女 黃麗滿

風騷的黃麗滿到處招蜂引蝶，下流的江澤民到處沾花惹草……

黃麗滿是齊齊哈爾人，畢業於哈爾濱軍事工程學院。黃姿色平平，卻非常善於勾引男人，初中時就弄得許多男生為她爭風吃醋。大學裏有個老師同她關係曖昧，結果被老婆鬧到系裏，因此受了處份。

80年代初，江澤民為電子工業部部長，黃麗滿任職於該部辦公廳。她每天都打扮得花枝招展，臉蛋抹得紅一塊白一塊，高跟鞋響處法國香水味撲鼻而來，把天生好色的江樂得大嘴一咧、眼睛瞇成了一條線。

中共機關每天都要午休。每到午休，黃麗滿就悄悄地閃進了江部長辦公室。一次，中央有緊急文件送給江澤民。送信的不敢攪了部長的鴛鴦夢，在外邊焦急地等了一個多小時，黃才衣衫不整地從部長室裏匆匆出來。

江澤民當上海市長前，把黃麗滿提升為電子部辦公廳副廳長。江到上海後，黃家很快就裝上了北京上海專線公費電話。他們每天通話時間太長，電話帳單太嚇人，電子工業部財務部門只好將此事捅了出來。

黃麗滿同江澤民的曖昧關係被曝光，黃的丈夫大為此同她打起了離婚官司。江
趕緊跑到北京找黃的丈夫調解，把他支到深圳的一家電子集團公司去做生意，
而黃則一個人留在北京，供江來京「彙報」工作時盡情受用。

「六四」之後，江澤民把黃麗滿調到深圳。初去時，誰也沒把這個女人放在眼
裏，將她放到了深圳市委副秘書長的虛位上。黃雖委屈，但江還地位不穩，黃
的上司又是中共元老任仲夷的大兒子任克雷，只好暫且忍氣吞聲。

1993年初鄧小平南巡，江澤民被迫支持改革，率隊前往深圳。市委領導剛坐下，江就問：「怎麼麗滿同志沒到會啊！」這一問可把市委書記厲有為嚇得心驚肉跳。厲明白，這個女人非同小可，趕緊派小車接黃到會。

接著市委領導班子大改組，黃麗滿升任市委秘書長兼市委常委，後又升為市委副書記。雖然她只是個副書記，但家中卻裝有直通中南海的保密電話「紅機子」。深圳建市以來，所有的頭頭都不曾享受過這種極特殊待遇。

黃麗滿家門庭若市，跑官的來要官，犯法的來求情。經她打招呼釋放的大號經濟犯，到黃家哪次也少不了撂下幾大捆美金。為了減少戴綠帽的黃麗滿丈夫的憤恨，江澤民指示，給黃的丈夫做的生意大開綠燈。

黃在工作上毫無建樹，只對江澤民的內衣褲顏色、質地、品牌如數家珍，因此黃麗滿躍升為廣東省委副書記。她在江有權安排十六大人選的時候擠進中央候補委員，排名倒數第三。她的幾個妹妹也跟著飛黃騰達。

大妹黃麗蓉任一大公司工會主席，總裁天天表忠心，1997年公司股票上市，立刻送了黃五萬股原始股。小妹黃麗哲在深圳合作銀行當處長，她老公的公司從不缺錢。他們光做貸款生意掙的錢，黃全家幾代人都花不完。

黃麗滿生活奢侈，每月福利三十萬元。掌控的小金庫無論怎麼花銷，也總能保持五百個億。她在深圳灣、廣州、北京和上海各有一幢豪宅，市值共達一千四百萬至一千五百多萬。但黃僅付過幾萬元裝修費。

黃麗滿還被舉報以市委的名義，長期包用麒麟山莊、五洲賓館十六套高級套房，這些套房原本是供省部級高幹休假時享用的，僅此一項年開支高達二千萬元。

兩搶：搶劫、搶奪。

黃麗滿當政時，深圳成了罪犯的樂園，平均每天發生「兩搶」刑事案件600宗。江澤民下臺後，黃很快失勢，被調到廣東省當沒有實權的人大主任。但她在任期間給深圳留下的爛攤子，卻不是短時間能被整頓好的。

第四節　政治聯姻「婊子陳」

迷戀權勢，貪圖金錢，放蕩生活，心狠手辣的政治手段，
使他們成為知己……

在江澤民的情婦裏，級別最高的陳至立對江最鐵。1988年，陳被江委以上海市委宣傳部長的「重任」，市委的人都知道，她的職位是用什麼換來的。陳和江幾十年的交情不表現在男歡女愛，而是醜陋的政治組合。

陳至立文革結束後在中科院上海矽酸鹽研究所工作，與江澤民大兒子江綿恒在同一所。江澤民任中共上海市委書記後，在江綿恒的引見下，陳至立與江澤民一拍即合。

「六四」前上海《世界經濟導報》因支持學運被江澤民查封。1989年5月江上京，總書記趙紫陽嚴厲批評江處理導報事件不當，江感到大禍臨頭。陳至立向江表示：中央怪罪下來，她一個人把責任全攬下來就是了。

陳至立與江澤民是死心塌地的「生死戀」。「六四」鎮壓後，陳下令遣散《導報》員工，並嚴禁他們再做記者。《導報》總編輯欽本立彌留之際，陳親自到欽病床前宣佈開除其黨籍，要這位中共老幹部臨死都不得安寧。

江澤民入中南海後，想把陳至立即調到北京，委以重任。但在前中央組織部長宋平等元老的反對下，一直未能如願。1997年鄧小平病重，江大權獨攬，陳終於進京，任教委主任。

陳至立1997年從上海調北京任教委主任，首次召集教委官員開會時，竟不談公事，而是談她家庭幸福，和丈夫喬林感情很好。眾官員目瞪口呆。陳急於表白自己和江澤民之間的「清白」，真是「此地無銀三百兩」。

1998年，江澤民任命陳至立為教育部長。陳當部長後整天出國遊山逛水，大學校長們給綽號「歐美巡迴大使」。她數度遭彈劾，來自八十多所大學的一千二百多名教授聯名寫信給中央，呼籲改革教育現狀迫在眉睫。

在眾人的彈劾下，陳至立終於下臺了。可在江的保護下，陳的位置越彈劾越高。沒兩天，她又成了主管教育的國務委員，連軍隊的教育都交到了陳的手裏。在人大32個代表團中，有27個反對陳擔任國務委員。

教育界應該是培養國家棟樑的淨土，但陳至立卻推銷所謂的「長遠經濟眼光」，搞「教育產業化」。學校成了骯髒生意的交易場，教育界亂收費愈演愈烈，偽造文憑、花錢買文憑等事情層出不窮，引起社會極大憤怒。

江澤民出賣國土行徑曝光後，2001年12月，陳至立指示教育部篡改歷史，不再稱岳飛和文天祥為民族英雄，把賣國賊李鴻章美化成憂國憂民的愛國者，為「漂白」江的賣國行徑做輿論準備，招致社會各界的激烈反對。

陳至立將教育當作是鞏固江澤民統治的重要手段，從小學開始對學生進行洗腦，利用教育傳播仇恨和謊言。她組織所謂校園百萬簽名活動，讓中小學生簽字支持江澤民迫害法輪功。

陳至立主管教育部七年，不擇手段摧毀中國本來已經十分薄弱的教育體系，採用一切手段毒害青少年。教育改革混亂，教學品質倒退，教風學風渙散墮落。嫖、賭、抄三風充斥校園。

陳至立搞「教育產業化」，九年義務教育制度名存實亡，大學無限度擴招，同時課以巨額學費。但是中共對教育投資卻很少，鼓勵教授搞項目發財，學生素質明顯下降。大學生畢業後求職困難的現象司空見慣。

2003年，江澤民為了進一步抓權，提議陳至立參加國家軍委、國防科技、教育有關工作，但因為各方分歧大而擱置。軍隊的高級將領都很看不起陳至立，背後給她起的綽號是「婊子陳」。

第五節 二英大戰中南海

江澤民的姘頭太多，有為他吹的，有為他唱的，
難以避免的會發生爭風吃醋，甚至打架的局面……

民間順口溜說江澤民：「家裏養著貓頭鷹，出國帶著李瑞英，聽歌要聽宋祖英。」「貓頭鷹」指江的元配王冶坪，年老色衰一身是病。宋祖英格外狐媚，深得寵愛。中央電視臺的女主播李瑞英相貌平平，但會故作媚態。

江澤民厭惡「貓頭鷹」，帶著她是為了撐門面，標榜自己「糟糠之妻不下堂」，利用王的革命家庭背景掩蓋自己的漢奸歷史。2002年訪美，在德州農場，江丟下王獨自走進宴會廳，留下小布希和蘿拉安慰遭丈夫冷落的王。

江澤民最愛宋祖英。人大副委員長成克傑因為表現出對人大代表、歌星宋祖英有點「關心」過度，引起江澤民醋海生波，小命不保，被江處死。成克傑至死也不知道自己得罪了誰，是誰非要他的命不可。

有夫之婦、央視女主播李瑞英也是江澤民的情人。李自1986年起在央視當主播。「六四」學潮開始時，李也顯得支持民主。戒嚴令一頒佈，她馬上改換態度，顯得對學潮義憤填膺，人品實在不值一提。

有幾年，李瑞英是江澤民出訪時必帶的央視女主播，她白天在電視上當傳聲筒，晚上給江擺脫寂寞。一次江出訪時，李的採訪像是在撒嬌，在中央電視臺晚間的新聞聯播中播出後，引得觀眾議論紛紛。

一次在江澤民出訪東南亞前，宋祖英和李瑞英在中南海裏撞了車。宋以死相逼說：有她沒我，有我沒她；要江永遠不和李來往，不能帶李出國做報導。江默許，李嚎啕大哭敗陣而去。央視從此取消了播音員出鏡。

江澤民在50年代留學蘇聯時就勾搭蘇聯特工克拉娃，後被迫當了KGB間諜。當電子部部長時，第一次出國就在拉斯維加斯公費嫖妓。事後，那妓女對FBI探員交代說：那肥佬給的小費還真不少。

80年代，江澤民作為上海市長訪問美國舊金山，用公費賭博、嫖妓。當時負責江貼身警衛的一美國高級警官十幾年後還念念不忘，這麼高級別的官員會如此沒有品行。

江澤民自己都說不清和多少女人有不正當的關係，到底有幾個孩子。除江綿恆、江綿康外，江還有個兒子叫江傳康，從來沒有出現在全家福照片上。江傳康是上海中層黨政幹部，負責迫害法輪功的「610辦公室」。

2003年選舉政協領導人，宣票員讀出：「宋祖英（歌星）一票」時，台下爆發出哄笑聲。緊接著宣票員又讀道：「李瑞英一票」，台下的人互相擠眉弄眼。大家都知道反正自己根本做不了主，那就乾脆拿江澤民尋開心。

第六節　一人得勢全家橫行

仗著在全世界做秀的老子，一位持有美國綠卡的美國公民的爸爸春風得意，當上了中國領導人……

80年代江澤民讓江綿恒去美國留學、生孩子、拿綠卡，觀望中國形勢。1992年江澤民手握黨政軍大權後，讓江綿恒趕快回國「悶聲大發財」。於是江綿恒帶著美國籍的兒子全家回來了。

1993年1月，江綿恒在中科院上海冶金所當一名普通技術員，四年後就成了所長，他做生意不離官職。1994年，江綿恒用數百萬人民幣「貸款」買下價值上億元的上海聯合投資公司，開始了他的「電信王國」。

上聯是由一位姓黃的上海市經委副主任策劃創辦，為此而付出了大量心血。剛運作三個月之後，黃突然被調回經委，不知所終。江綿恒「空降」而來，自任董事長兼總經理，成為「電信大王」。

由於江綿恒是江澤民的兒子，所以要錢有錢、要權有權，做生意包賺不賠。海外華裔和西方商人包括雅虎掌門人楊致遠等紛紛上門拜訪或投靠，幾年時間江綿恒已建立起他的龐大電信王國。

2001年，上聯和上聯控股的公司已有十餘家，如上海資訊網路、上海有線網路、中國網通等，業務相當廣泛，如電纜、電子出版、光碟生產、電子商務的全寬頻網路等。

江綿恒的董事頭銜多得數不清，上海重要經濟領域他都染指。包括上海過江隧道、上海地鐵的董事會，就連上海航空公司他也有份。江綿恒既是中國電信大王，也是上海灘的大哥大。

江氏父子並不滿足，因為在中共的歷史上，富商做的再大，沒有官位做保證也是危機四伏。於是1999年12月2日，江綿恒被江澤民任命為中國科學院副院長，坐著火箭擠進國家領導人的行列。

2001年5月，在香港舉行的「財富論壇」，江澤民帶著「國家領導人」江綿恒出席，把他介紹給國際要人，特別是跨國公司的富豪們，以擴大江氏王國的實力。。

果然在中國申奧成功的第二天，江綿恒就開始與這些外國富豪們簽下大筆訂單。此時，江綿恒已經成了中共「官商一體」的最高代表。

江澤民親自下令把中國電信拆分為「北方電信」和「南方電信」，「北方電信」十個省的固定資產被白送給了「網通」。 江綿恒把網通三次整合又統統撤銷，掏空其資產化為己有，買「網通」股票的人成了冤大頭。

2000年9月，江綿恒和台商王永慶的兒子王文洋合作搞宏力微電子公司，總投資64億美元，可王透露，錢他一分錢沒出，全是江綿恒從銀行弄出來的。藉著老爸的權力關係，江綿恒成了名符其實的「中國第一貪」。

號稱上海首富的大地產商周正毅2003年5月被查扣。在調查周官商勾結圈地問題時，發現江綿恒也在靜安區圈了一大塊地。江綿恒和江綿康比周還惡，不掏一分錢，只讓住戶強遷遠郊，絕不給予任何補償。

在十六大前夕，江綿恒去資訊產業部502所視察。彙報人員在Google上檢索「江澤民」三字，頭十條新聞中就有三條歷數江澤民的罪惡，而且「邪惡江澤民」被顯示在頭條，江綿恒又驚又氣。

為了不讓大陸網民得到任何有關民主、人權、自由，特別是法輪功的海外資訊，江綿恒在網路封鎖上不斷加大力度。他主持的金盾工程僅前期投資就是八億美元，江綿恒成了江澤民的電子警察總警監。

第七節　一人得勢全家橫行〔續〕

他上臺後把遠近親戚都安插進各個國家重要部門，
一時間中共官場妖魔鬼怪、魑魅魍魎橫行……

江澤民的次子江綿康沒有哥哥那麼火。江綿康本來是搞無線電的，歷來的工作都與軍隊毫無關係。江澤民委託徐才厚把他塞進了南京軍區任副政委，軍銜為少將。

江澤民退休前，覺得把槍桿子交給自己的兒子才放心，想把江綿康調到總參，被遲浩田頂了回去。沒辦法，江澤民只好把兒子塞到總政組織部任第二局局長，不久提升為組織部部長。

江澤民六叔江上青的女兒江澤慧原不過是安徽農業大學一名普通教師。江澤民升官後，江澤慧受到火箭式提拔，先升安徽農大林學院院長，隨即再升農大校長，然後又任林科院院長，成了部級幹部。

江澤民六叔江上青的女兒江澤玲的兒子郗展，因炒作房地產而虧空1150萬元人民幣，無力償還，於是偽造公章，將某港商的四十五套住房抵押給工商銀行。

2000年3月，該案被港商告上廣陵法院。法院認定「房屋產權遷移證」上的公章是偽造的，但在揚州市各級官員的壓力下，法院被迫中止對該案的調查與審判。邰展未受到任何處罰，港商也未收回住房。

邰展利用其身份之便炒股票、炒房屋及投資娛樂業，先後任「揚州大廈」總經理、「添展娛樂城」的老闆及多家合資公司董事。邰曾向軍方背景的「北方工業集團」借貸1600萬元買賣股票，一直活躍在商業火線上。

江澤民在安徽蚌埠有個姨外甥吳志明，不學無術。江擔任上海市委書記，吳馬上就入了黨，提了幹成了上海市委常委、市公安局黨委書記、局長、武警上海市總隊第一政委，副部級。

2003年1月，江澤民把自己的外甥夏德仁調任遼寧省省委常委、大連市市委副書記、大連市市長。從此江澤民到大連就像在自己家裏一樣呼風喚雨。

周永康自稱是江澤民夫人的親侄兒，「江主席身邊的人」。周品行惡劣，常以「忘我工作」為名，徹夜住在酒店召妓嫖宿，還多次姦污實業賓館內部女工作人員。由於鎮壓法輪功積極，周被提拔為公安部部長。

此外，江澤民還有多少或明或暗的親戚在做官或悶聲大發財，已經難以統計。上樑不正下樑歪，江澤民公然大搞裙帶關係，使得整個國家權力腐敗蔓延，更加不可收拾。

第一節 國庫傾盡 擺平中央

秀美三峽築巨壩，喪權辱國入世貿，揮灑鉅資大閱兵，
「江核心」確立了地位……

在當中共黨魁的最初的幾年，江澤民在黨內地位十分不穩，黨內元老的壓力，國內外對「六四」屠城的不滿，世界各國對中國的制裁，使江壓力很大。

李鵬原來是江澤民的頂頭上司，現在倒成了江澤民的下屬，二人見面的時候都有些尷尬。江澤民當時每次政治局開會都是和李鵬並排而坐，共同主持會議，江澤民每每看著李鵬的臉色行事，外界稱其為「江李體制」。

為了鞏固自己在黨內的地位，江澤民不得不討好李鵬這個出身於水利部的總理。江第一次外外巡視，就選擇了李鵬一心想上馬的「三峽工程」，並積極策劃使人大強行通過「三峽工程」的預案。

江澤民把最權威的專家們扔在一邊，不顧三峽工程將引發的航運、發電、移民、生態、環境、戰備等重重問題，讓一些明星、勞模和少數民族代表等來決定這個關係國計民生的大工程，以討好李鵬。

江澤民一直把加入WTO視為他個人樹碑立傳的好機會。1999年4月，北約空襲開始後，江澤民極力主張朱鎔基如期動身去談WTO。談成了自然歸功於總書記載入史冊；談不成可以煞一煞朱鎔基的銳氣。

這時和美國商談WTO問題似乎不大可能，但不談似乎又錯過了一個大好時機。當時政治局討論中，李鵬和錢其琛都反對朱鎔基的美國之行，認為他所謂的「消氣外交」是有求於人，也是示弱於人。

朱鎔基看到加入世貿會對中國的農業、電信和金融業造成衝擊，大量經營不善的國營企業倒閉，並不想做太大讓步。但江澤民指示他多考慮政治影響。朱不敢擅自作主，所有的讓步都經過江澤民的同意。

中共高層對這些讓步十分不滿，罵這是新「二十一條」。而美國又提出很多附加條件，簽署WTO已經基本沒有指望了。江澤民一看形勢不對，翻臉不認人，把這一切責任輕輕巧巧地推到了朱鎔基身上。

1999年10月，為了搞「國慶」慶典，江澤民迫切需要改善與西方社會的關係，安撫國內因鎮壓法輪功而引起的民間怨氣，於是他又想到了WTO。江召開政治局會議，叫大家統一思想，加大讓步幅度。

江澤民背後操縱朱鎔基與美國代表團談判。由於江急於加入世貿，讓步幅度要比消氣外交大的多。10月15日，雙方終於簽訂協定。朱沒有出席協定簽字儀式以及當晚在中南海舉行的慶祝酒會，成了「隱形人」。

江澤民對中共建政五十周年的1999年「國慶」慶典翹首企盼。他要把他的巨幅肖像和毛澤東、鄧小平並列起來；同時，他還要檢閱三軍，過一下軍委主席的癮，向全世界宣示他的權力。

朱鎔基詳細詢問慶典的預算情況。當他得知各種獻禮工程、提高公務員和離退休人員等的工資、追加基礎設施建設等一共支出一千八百億元人民幣時，氣得雙唇緊閉，不發一語。

江澤民則說：「慶典要有氣勢。五十周年的慶祝活動主要算政治帳，不要過於拘泥經濟帳。」江這一次揮霍了相當於100個希望工程的資金，可救助兩億多個學生，或讓三千萬下崗工人生活一年。

江澤民在長安街學著鄧小平喊「同志們好」。可他也知道，當年鄧「改革」給老百姓帶來了兩年稍微寬鬆的日子，可他卻剛把一億多善良的法輪功學員打成了敵人，加上他們的家屬和親朋好友是多麼龐大的一個群體！

第二節　三個「水」槍手

三個中共「水」平最高的槍手搜腸刮肚，
為「江核心」創造48個字的「學說」……

黨領導就得有人歌功頌德，著書立說。江澤民也有三個御用文人滕文生、王滬寧和劉吉。江澤民做秀的東西都是從他們那兒來的。但從「三個代表」來看，這三個的水準實在是很「水」。

滕文生1940年10月出生於湖南常寧，1964年畢業於中國人民大學中共黨史系，中央政策研究室主任，被稱為「中南海第一筆」。後來江澤民的十六大政治報告就是滕文生主筆的。

滕文生1980年在中央書記處研究室工作時，專門收集各種開明人士的材料，方勵之、王若望、劉賓雁等就是因為這些材料而被開除黨籍。1987年9月，趙紫陽在鄧小平的支持下撤銷了這個研究室。

滕文生對江澤民的最大貢獻是「三講」之一的「講政治」。這個研究毛澤東的專家向江建議以毛的手段控制政治局：把權力分散，讓兩、三個高級幕僚內鬥，最後都要找江仲裁。

王滬寧1955年10月6日生於上海，復旦大學國際政治系教授，博士生導師。
1995年在曾慶紅和吳邦國的力薦下，進入中共中央政策研究室，是「三個代
表」的原作者。

江澤民見王滬寧之前對他很崇拜，對他的著作能大段背誦。王為江起草了十四
屆五中全會上的講話《論十二大關係》。最大的「貢獻」是為江提出了「三個
代表」和「與時俱進」的理論。

2000年，槍手王滬甯創作了「三個代表」，並教江澤民背下：「共產黨始終代表中國先進社會生產力發展的要求，代表中國先進文化的前進方向，代表中國最廣大人民的根本利益。」

但所有的官方媒體報導，包括江澤民在內，沒有一個人可以說清楚 「三個代表」是什麼意思。這幾句並無實質內容的空話，一般臉皮薄一點的人還不好意思吹噓，但對江實在是太重要了，是江樹碑立傳的本錢之一。

江在任時，費盡心機在全國推廣三個代表，要把這三句話寫入黨章和憲法。現在，現任總書記、國家主席和軍委主席胡錦濤必須高舉「三個代表」，哪個官員講話都不能離開「三個代表」。

全國學三個代表的鬧劇下出了不少笑話。記者採訪百姓，希望能有些三個代表的先進事蹟，結果農村婦女生個胖兒子，說感謝三個代表；屠宰廠用三個代表指導屠宰工作；工人用三個代表為指標建設一流廁所等等。

王滬甯曾是主席特別助理，十六大上被江澤民指定為中央委員。江失勢後，到處都不歡迎王滬甯。因為洩露了「三個代表」真實作者的秘密，江澤民也很惱他。

劉吉1935年10月出生，安徽省安慶市人，畢業於清華大學水利工程系，任中國社會科學院副院長，熱衷研究「領導學」，鼓吹「明主論」，是江的得力吹鼓手。

劉吉與江澤民關係很近，管王冶坪叫「嫂子」，在江澤民面前舉止隨便，出入江府從不用事先通報，想換換口味時便驅車直駛江府。王冶坪興致好時便親自下廚。

劉吉能夠指導江澤民如何提高權鬥「藝術」，為此江與劉有過幾次促膝長談，把劉奉為「國師」。後來劉吉公開表態支持一些改革派知識份子，在江那裏失了勢。

第八章 好大喜功

第三節 小洪大災 草菅人命

調動700萬人次的大軍堵一場小洪水。
軍人在犧牲，人民受大災，他卻……

1998年，長江流域一場五年一遇的小洪水釀成了一場世紀洪災，受災人口近4億，直接經濟損失三千多億元。原因是江澤民和毛澤東等中共高官一樣相信命理，聽信了假風水先生的話拒不分洪，死保龍脈。

1998年8月6日，沙市水位達到44.67米，按國務院長江防洪計畫必須開閘分洪。荊江分洪區的居民轉移，為分洪做好準備。湖北省委多次請示，可江澤民就是不批准，分洪閘始終沒有打開。

江澤民發出命令，沿線部隊全部上堤，「軍民團結，死守決戰，奪取全勝」，否定了分洪方案。朱鎔基、溫家寶等人硬著頭皮執行江的指示，結果長江被憋到了歷史最高水位45.22米。

鄧小平死後江澤民急於樹立軍中權威。江想藉這場洪水調動軍隊掌握實權。在「抗洪搶險」中，江調集各地十多個集團軍、30萬官兵、114位將軍、五千多名師團級幹部，大搞與「抗洪」毫不相干的軍事訓練。

「抗洪」行動中，江出動官兵700萬人次，民兵和預備役人員500多萬人次，超過了淮海、遼瀋、平津三大戰役解放軍人數的總和。抗洪部隊還經常被命令換防。使本身就已疲憊不堪的官兵們在各地疲於奔命。

利用抗洪，江澤民大過軍委主席指揮的乾癮，身穿軍服頭戴軍帽在荊江大堤上，眾多記者的攝像機和照相機鏡頭前，擺著一張軍用地圖聽張萬年的彙報。這次調兵，使江真正地掌握了軍權。

在江澤民「嚴防死守」的指示下，長江嘉魚縣排洲段、九江段、江心洲等民垸
先後潰堤，8月7日，長江主幹堤決口。洶湧的洪水沖向人口稠密的城鎮，短短
的二十四小時裏，數十公里內一片汪洋，哀鴻遍野。

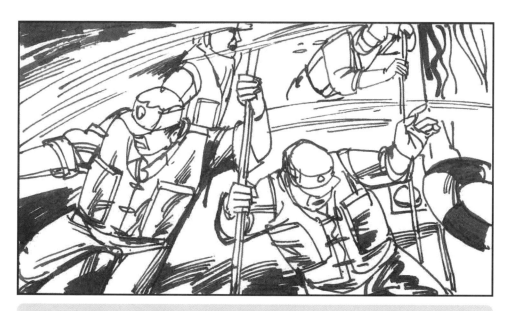

船舶上的官兵在兇猛的洪水中自身難保，救援工作受到很大限制。很多家庭妻
離子散，甚至全部葬身洪水，連屍體都沒有找到。

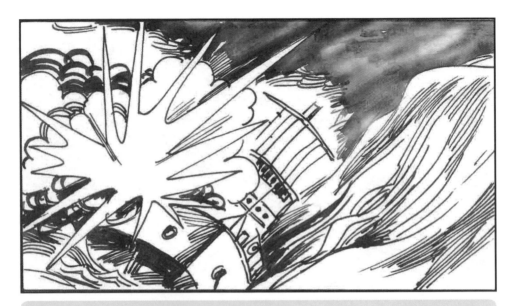

8月7日，九江長江主幹堤決口，官員們一時間手忙腳亂，下令胡亂向決口處拋進物品，只要能裝的物資都向決口傾倒，推進大米、稻穀、黃豆等糧食達500萬噸，大卡車50多輛，炸沉船18艘。

後來調集一支來自張家口地區約200人的堵漏特種兵團，採取了週邊打樁，固定鋪板，灌注泥石堵口，終於把決口堵上。幾次潰堤共造成了平民死亡幾萬人，損失財產達五百多億元。

災區瘟疫爆發。從疫區中心逃難的災民跑不過瘟疫傳播的速度就會死在途中，為了活命，他們只能眼看著親人一個個在自己身邊倒下，卻不能停下來相救。很多逃出來的人都是家中唯一的倖存者，從此舉目無親。

8月中旬，已有2.4億人撤離家園，可此時江澤民邀請「15位傑出電影藝術家到中南海作客」，興高采烈地自己彈琴跟女演員合唱《莫斯科郊外的晚上》。在長江變成「汪洋大海」時，江澤民卻高唱著「大海啊故鄉」。

8月13日，潰口堵上、洪水下落後，江澤民來到了湖北，在武警官兵鐵桶般的保護下手拿麥克風，對著攝像鏡頭喊出了「堅定信心、決戰到底」等口號。

對於這場由江澤民的決策錯誤造成的災難，江指示媒體全面掩蓋，官員們統一口徑，統一上報人員死亡及財產損失的資料，將統計數字縮小到最低限度。實際人員死亡與財產損失是官方報導的五十倍以上！

江澤民還利用媒體為他的「英明」貼金，把自己造成的巨大災難，變成為歌功頌德的機會，宣傳「江核心」領導抗洪的豐功偉績，甚至假借國外媒體之口，選用一些肉麻又可笑的語句，赤裸裸地將江與毛、鄧並列⋯⋯

這不禁令人想起1959-1961年的那三年饑荒災難。在那段時間裏，中國在沒有大的天災的情況下，餓死了至少三千多萬人，是八年抗戰期間因戰亂死亡人數的1.5倍。中共官方把這一災難歸咎於「特大自然災害」！

後來學者們發現，那三年屬正常年景，只在局部地區出現過洪澇災害和旱災。
是中共1958年所謂「總路線、大躍進、人民公社」的運動，把中國搞得民窮財
盡，而當局為粉飾太平沒有採取救災措施！

中國餓死那麼多人，中共還繼續支援「社會主義小兄弟」國家。直到今天，三
年饑荒的真相還被官方封閉著不敢讓百姓知道。江澤民對1998年洪水的做法正
是當年中共的伎倆！

第四節　推行惡法 民怨沸騰

剛在回歸大典上露了臉，香港就成了江的心腹大患……

1984年，簽署香港回歸協定的是當時的英國首相柴契爾夫人與中國總理趙紫陽，雙方都許願要參加回歸大典。1997年，趙向江澤民提出要去香港參加儀式，江命令羅幹說這是「添亂！」加強對趙的監視，嚴禁藉此讓趙復辟。

江澤民決不能容忍趙紫陽擁有這份功勞，所以宣傳中把當時的照片都塗改了。江讓宣傳部門大造輿論，把全中國老百姓的注意力集中到香港回歸上來，想利用這萬眾矚目的香港回歸大典、千載難逢的歷史事件去做秀。

中共高層有些人建議從國家和中共的形象考慮，中共的總書記不應該去參加香港回收儀式，這把江澤民氣得發抖。這次做秀對十五大人事安排將有很大影響，所以江澤民堅持出席，絕不讓步。

1997年6月30日，江澤民抵達香港，他「人來瘋」到處作秀，大庭廣眾下，用上海話談麻將，用不倫不類的廣東話打招呼，看到「江主席」如此瘋顛、輕賤自己，香港市民不由自主地皺起了眉頭。

6月30日駐港部隊在低沉的黑雲下開入香港。1997年7月1日零時，中國國旗和香港特別行政區區旗在香港升起。根據中英關於香港問題的聯合聲明，兩國政府如期舉行了香港交接儀式。

1997年的香港回歸，讓江澤民做足了秀，他的虛榮心得到了最大的滿足。在交接儀式上，「江主席」重申「一國兩制」、「港人治港」、「高度自治」，50年不變。話音未落，香港就領受到了中共的獨裁。

香港特首必須由北京當局指定，港府的政策必須在中央的首肯下方能實施。沒出幾年，被譽為「亞洲四小龍」之一的香港被迫向中共伸手要錢，曾經高度繁榮和自由的東方之珠，變得黯然失色，民怨遍地。

1997年前夕，中英聯合聯絡小組就政權交接談判期間，中共試圖就23條叛國罪和顛覆罪進行立法，把中共的暴力獨裁推行到香港，遭到香港各界和英國強烈反對。為保證政權順利交接，23條被暫時擱置。

因為一國兩制，江澤民無法在香港採用同樣的辦法鎮壓法輪功。香港是國際中心，遊人如潮，法輪功學員隨處散發的真相資料，令江無法忍受。23條立法被江認為是最能用來在香港根除法輪功的方法。

2002年港府換屆，在江的操縱下，中共傀儡董建華連任，出身地下黨的律政司司長梁愛詩留任，堅持良心政治的政務司司長陳方安生被迫辭職，保安局局長葉劉淑儀立功心切。江澤民準備好了領導班子要大幹一場。

董建華的新班子剛剛建立，就宣佈要根據23條立法，而且有關叛國及反顛覆等罪行的立法給予公眾諮詢的時間只有短短的三個月，就要送交立法會討論並立法。梁愛詩聲稱已經就此事同北京「溝通」。

23條引起各界極大關注，香港及世界各地華人紛紛表示反對。2003年7月1日，香港回歸6周年，至少50萬港人走上街頭強烈抗議23條，各大媒體紛紛報導。中共媒體對國內封鎖了這個消息，說香港人在歡慶回歸。

在強大民意下，港府親共勢力開始分化。自由黨主席田北俊辭職，保安局長葉劉淑儀民望甚低，財政司長梁錦松公款買車醜聞曝光雙雙辭職。由於票數不夠，通過23條已經無望。江的陰謀徹底失敗。

港首董建華因為聽命於江澤民，做出很多損害香港人民利益的事情，在香港聲名狼藉。中共認為他已經沒有什麼利用價值。2005年3月10日，失去大後臺江澤民的董建華被迫宣佈辭職。

第五節　烏鴉跳樑　蠢惡謊狂

對美國記者耍滑頭，對香港記者罵大街。
他把全世界的媒體都看作自己的喉舌⋯⋯

江澤民希望自己以「開明」形象出現在西方媒體上，為了給自己訪美造勢，安排了美國哥倫比亞廣播公司（CBS）《60分鐘》節目主持人華萊士的採訪，此前CBS為採訪中共黨魁已申請十多年了。

江澤民儘量裝成一副高調的樣子，表明自己接受採訪是要促進中美兩國的友好。但華萊士並沒有太客氣，一針見血地指出，他是世界上最後一位重要的共產黨獨裁者，這樣的調子像一個十足的政客，不見坦誠。

江澤民缺乏基本的執政常識，採訪中洋相百出，連自己的職位是什麼都不清楚。他不知道人大沒有選舉中共中央政治局常委的權利，大談媒體是黨的喉舌，中國國情與西方不同，所以「民主」就不同等。

當然最可笑的還是江澤民誣衊法輪功。江說法輪功創始人自稱是釋迦牟尼轉世再生，也是耶穌的轉世再生；法輪功講世界的末日就要到了，有數千學員自殺……妄圖用法輪功冒犯基督教來引起美國人的仇恨心理。

可是法輪功創始人從來都沒有說自己是釋迦牟尼或耶穌轉世，還在1998、1999
年多次面對海外數千人講，傳說中1999年的地球大劫難是不存在的。法輪功也
禁止殺生和自殺。江澤民為了挑起仇恨信口雌黃，實在太離譜。

通過這次專訪，人們沒有看到江澤民的「英明形象」，卻看到了無賴與謊言。
江以國家主席的身份對美國資深記者華萊士說謊，盜用了中國的國家信譽來詆
毀法輪功這個民間團體，損害的是全中國的形象。

江澤民對自己在華萊士面前「談笑風生」十分得意。但沒過多久，他就在一個香港小記者面前原形畢露。那天，江會見前來北京述職的香港特首董建華，一位香港女記者詢問江是否「欽定」董建華連任。

江聽後勃然大怒，語無倫次地用廣東話及英語大罵香港傳媒提問簡單、幼稚，並且用英文對記者說：「你們頭腦太簡單、太幼稚，我很生氣……」歷時四分鐘之久。還赤裸裸的要求記者們不顧職業道德，只管「悶聲大發財」。

江罵了一陣，大約也察覺了自己的失態，又指著記者們警告說，如果他們的報導有偏差，後果要他們自己負責。香港傳媒對江的訓話非常震驚，幾乎所有的日報均以顯著的版幅報導此事，用粵語形容江澤民「發爛渣」。

香港各傳媒大量刊登江當時的醜態。華萊士沒能讓江澤民在世界面前「跳」起來，而香港的一名「初出茅廬」的「黃毛丫頭」卻輕易地做到了——江澤民不但跳起來了，而且醜態畢露！這不能不是華萊士的遺憾。

第八章 好大喜功

第六節 蟾王轉世 妖戲中華

為愚弄百姓，中共鼓吹無神論，可頭子們卻常根據
「半仙」們的話決定國策。古代中外預言中都說⋯⋯

中共鼓吹「無神論」，其鬥爭哲學違背了中國傳統文化最精髓的敬神明與天地自然、天人合一的理念。戰天鬥地的運動破壞了中國的自然環境——湖水乾涸、江河斷流，北京等古城格局被破壞，古蹟被毀。

但黨內很多高官卻信奉風水、陰陽、命理。毛澤東進京前就求神問卜，有老道告訴毛忌諱「8341」，毛就用「8341」命名自己的禁衛軍。後來才知道毛活到83歲，正好當中共的頭子41年。

江澤民不顧自然規律，利用風水理論的皮毛鞏固統治。他為了恢復北京的風水格局，給已乾涸的白洋澱直接灌水；北京中軸線上毛澤東停屍房陰氣太重，他就命令加高天安門的旗杆。

江很在意犯忌。雖然到處走，「鎮江」這個地方江澤民就從來不去，因為怕被鎮住，壞了「風水」。江對下屬的言語吉凶更是敏感。誰要敢犯了江的忌，就別想有好日子過。

江澤民到湖南考察，省委書記王茂林豪爽地對江說：「到了北京聽您的，到了湖南來聽我的。」意思是要大大款待一番。江認為這是奪權的讖語，將王調到一個虛職。

1996年，江澤民去南方路過一著名寺院，在大殿上香後不聽方丈相勸，執意撞鐘。老方丈垂淚，說江本蟾王（大蛤蟆）轉世，鐘聲一響，必定引發中原水族作怪。從此中原大水連年，再難平安。

果然在那之後，中國水災確實比過去來得猛了。1998年是江澤民的本命年，中國出現了前所未見的洪災。後幾年中國洪災仍然頻繁。民間流傳說：「江澤民，江澤民，江水淹死人。」是說江澤民上臺會帶來水災。

1998年，江相信了一位中南海走紅的假易學先生「要保龍脈」的「玄機」，堅決不開閘分洪，結果小洪水釀成大災難。在他心裏，億萬民眾的生死遠遠不如他的「龍脈」重要。

江澤民的確長相酷似蛤蟆且嗜水出名，出訪常去水中泡泡，住的酒店多養有水生尤物。他在夏威夷和死海游泳的照片，五指張開的爪式鼓掌方式乃江的獨家特色。

國外近年來人們從研究聖經《啟示錄》、諾查丹瑪斯的《諸世紀》、唐朝《推背圖》等古今中外的著名預言中，發現江澤民在現在扮演著一個非常特殊的角色，給中國以至全世界都帶來災難。

15世紀法國著名預言家諾查丹瑪斯曾預言「一個虎年出生的三水之人將給東方帶來巨大災難」。江澤民屬虎，1926年出生在江蘇（一水），發跡於上海（二水），到北京掌權後居於中南海（三水）。

提拔他發跡的幾個人也帶水性，例如江冒認江上青為養父而得到張愛萍的提拔；在上海得到汪道涵的提拔；江的政治恩人薄一波幫他搞掉北京幫。他們的名字都帶水字。

蛤蟆平生喜水忌土厭火，所以紫陽、喬石等必犯其忌，對鄧提拔的朱鎔基也很嫉恨。江澤民還喜歡好名字的吉利，比如滕文生、賈廷安、由喜貴、王滬甯、李長春等人因為名字好，很受江澤民的重用。

唐朝的《推背圖》第五十象直接預言了這場洪災和江澤民鎮壓法輪功。《讖》中喻指共產主義與自由民主體系的對局已近尾聲，天下面臨巨大變遷之時，社會上豺狼當道。《頌》中說屬虎的江98虎年為私利不正常處理洪水導致嚴重洪災。「抗洪」中許多糧食拋入河中堵缺口，洪水還沖毀了無數「白米盈倉」，它們瞬間就一錢不值了。江執政期間的軍警司法等國家機器在一場正邪大較量中如狼似虎，但最後正義取得了勝利。《批註》中說在98年洪災後，人民還沒有修養生息，江澤民就又開始鎮壓法輪功。

第一節　千年怨氣　結惡胎

千年腐屍中散出的一股邪氣，又邪又蠢，
被舊勢力選中成了個蛤蟆胎，完全達到了人渣的要求，十惡俱全……

且說大唐武德九年，高祖李淵賴次子李世民削平天下十八路反王，滅盡七十二道煙塵，江山一統。高祖有四子，幼子李元霸早夭，其餘三子為英王建成、秦王世民、齊王元吉。

太子建成懦弱，而齊王元吉自命有天子之份，覬覦大位已久，忌憚者惟秦王而已。元吉欲先假建成之手除去秦王，再除建成以自代，終宵謀劃。

建成、元吉與高祖寵妃張豔雪、尹瑟瑟私通，曾被秦王撞破，雖事後囫圇過去，心中畢竟深以為恨。

李世民功高蓋世，大唐江山幾乎為他一人打下，建成、元吉心中十分妒恨。恰逢平陽公主病逝，文武宗親皆去送葬，建成、元吉假意擺下酒宴，邀秦王共飲，卻在酒中下了劇毒。

秦王生性豁達，只道建成與元吉知錯謝罪，坦然不疑，舉杯欲飲。自古「王者不死」，秦王才飲一小口，一隻燕子飛過，遺糞於杯中，又汙了秦王衣服。

秦王遂起身更衣，忽然腹痛如絞。回府後，終宵泄瀉，嘔血數升，幾乎不免，自知酒中必有蹊蹺。

唐帝聞之，恐秦王兄弟之間不能相容，欲使秦王移居洛陽。陰謀敗露，建成、元吉大恐，知秦王膽略過人，手下人才濟濟，怕日後天下歸心，無人可制。於是再設毒計，欲調秦王手下大將遠征突厥。

秦王見事緊急，遂將建成、元吉穢亂宮廷之事告知高祖。高祖命建成、元吉第二天進宮對質。建成、元吉次日率亡命之徒四、五百人，來到玄武門前，準備刺殺秦王。

秦王早有準備，身披鎧甲而來。建成、元吉射了三箭，皆被秦王躲過，秦瓊還了一箭射死建成。尉遲敬德一箭射死元吉。此事史稱「玄武門之變」。

李元吉死後，閻羅王知其與父皇寵妃通姦，並奸殺李世民未婚之妻等亂倫之事，又以鴆酒毒害秦王，以弓箭射秦王等有違天倫之事，十惡不赦，將其打入無生之門，下無間地獄。

李世民即位，稱太宗皇帝，改元貞觀，開創貞觀盛世。太宗仁德如天，體恤百姓，繼帝位，上順天意，下合民心，實為蒼生之福。

貞觀二十二年，玄奘取經歸來，太宗親率文武百官在朱雀橋邊迎接，並做《大唐三藏聖教序》以記其盛事。貞觀二十三年，太宗駕崩。

太宗來歷非凡，絕非世人所能洞見，護持佛法、弘揚道、儒有功，為人仁、義、智、勇足備，清心寡欲，約己愛民。後歷次轉生皆自然秉蒼穹正氣，或為帝王將相，或為文人學士、武學宗師，難以悉述。

千年之後，法輪聖王以彌勒之佛乘下世，傳大法，救度眾生。宇宙間舊的勢力，以協助之名干擾正法救度眾生之事，是謂考驗大法弟子。

舊勢力循相生相剋之理，要造一個最無正念理性，蠢、惡、壞、奸、醜、顯示、妒忌、遇事膽小如鼠之人形大醜，因其必犯下萬古大罪、惡貫宇宙蒼穹，用過後必然銷毀，只能在無間地獄中尋找。

舊勢力找來找去發現李元吉惡靈下地獄還業，經過千年消磨，已不具先天生命之形骸，無完整思想，只剩一股嫉恨之氣。其以任何世上之生命造化都是對其生命不公，曾與下世救度之人有大怨大恨，實在理想。

舊勢力大喜,引其竄入世間,導入陰氣濃重之墓穴中。墓中早有一蟾蜍伏於其內,張嘴欲鳴之際,忽將這千年邪氣吸入腹中,頓時蟾蜍之元靈被沖離體投生而去,而那千年邪氣卻成了蟾蜍之邪靈。

幾年後,蟾蜍壽終,已得蟾蜍之形的千年邪靈之氣轉生投人胎,成為江澤民。

第二節　傳燈求法 老僧破迷

傳燈聽說優曇婆羅花在亞洲各地盛開，帶著祖傳寶劍雲遊求法，
在花山迷窯外碰到了一個老和尚……

乙酉年初春，韓國京畿道儀旺市冠岳山龍珠寺及全羅南道順天市海龍面之須彌山禪院銅佛像優曇婆羅花盛開。此後在臺灣、韓國和大陸各地，優曇婆羅花競相開放在鋼管上、玻璃上、葉片上⋯⋯花形如鐘，芳香四溢。

此花非同小可，三千年開放一次。按佛經記載，優曇婆羅花開乃法輪聖王駐世說法之徵兆。

消息傳入中國安徽祁門縣，縣裏有一農戶姓文名傳燈，他孑然一身。聞知有優曇婆羅花異事，自忖道不若雲遊四海，若有緣聽彌勒佛講法，則是天大幸事。

傳燈檢點家中，實在無甚值錢之物，唯有祖上傳下寶劍一口，可做晉見之物。傳燈攜了寶劍，便就近往黃山上尋得道之人。

有一導遊領遊客參觀最近在黃山附近發現的一個奇怪的石窟，被稱為花山迷窟。此洞有很多不解之謎，有人想說它是採石場，但黃山地區的縣誌中卻沒有記載這個「採石場」，也沒有任何需要那麼多石料的工程。

傳燈隨著遊人進了石窟，導遊介紹石窟1999年方被發現。當時洞中皆是碎石，夾雜著很多牛骨，令人百思不解。洞內天然壁畫更是不知所云，故稱此洞為「千年迷窟」。2001年5月挖掘完成，江澤民還專程來過一次。

雖是盛夏，洞內卻十分陰寒。傳燈連打了幾個寒噤，忽覺腰間寶劍嗡嗡作響，
不斷跳動，取劍出來，但見劍身上文如流水，自柄至尖，連綿不斷，嗡嗡之聲
越來越響，直欲脫手飛去。

怕人看到他寶劍之異狀，傳燈連忙還劍入鞘，急步出洞。在洞口碰到一個打坐
的老和尚。老和尚看了看寶劍，發現那寶劍是古劍工布，很有靈氣，因為此劍
是家傳，由此推斷傳燈是春秋年間文仲大夫的後人。

傳燈以此寶劍為晉見之禮想跟老僧修行，老僧告訴他世間只有轉輪聖王能救度眾生。傳燈不解，老僧說：「世人見優曇婆羅花開，只道是轉輪聖王尚未出世，實則他已在世間講法十三年了。」

傳燈掐指算去，失驚道：「師父說的莫非是法輪大法？」老僧笑而許之。

老僧道，那山是個蛤蟆的形骸，洞口扁扁是嘴，迷窟是肚子，洞頂有綠色的圈圈是蛤蟆背。那洞裏壁畫或是妖魔或是血肉，蛤蟆被神滅盡後，山體內土崩瓦解，被其他邪靈填充，所以寶劍要除魔降妖。

江澤民的元神就是這蛤蟆精，它是宇宙舊勢力為阻礙轉輪聖王正法而造。轉輪聖王慈悲無量，給了江悔過的機會，但他1999年發動迫害，這機會被他自己斷送了。江惡貫滿盈，正神開始剿滅他，元神被打入無間地獄。

鎮壓法輪功使江元氣大傷，2001年5月法輪大法弟子的強大正念，剷除了蛤蟆精，為此他到洞裏補充邪惡能量。現在世上的江不過是爛鬼操縱的人皮而已，平時爛鬼不理它時，常神思恍惚，似隨時撒手人寰。

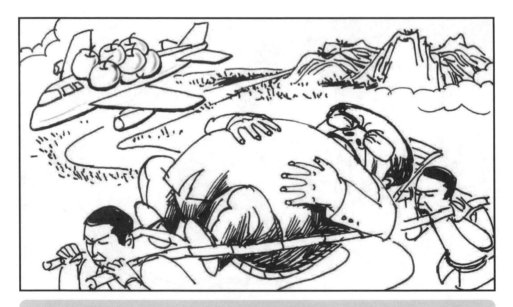

暴君不顧民之疾苦，黃山地區失業者甚眾，食不果腹。江澤民遊黃山花費了兩億元人民幣，專為他來修築公路，空運水果，動用保安武警不計其數。連他上山坐的滑竿兒皆是用進口的竹子和繩子特別訂製的。

第三節　丑角戲盡 普天同慶

大結局：江澤民迫害正信遭到全人類公審，並遭天譴。
眾人見證，普天同頌法輪大法與大法弟子之恩！

傳燈在「花山迷窯」外碰到一老僧，向他求法，得知法輪聖王已在世間傳法十多年了。老僧又道：「人類五千年歷史如一場大戲，江這個丑角還不到謝幕之時，留著江的人皮還有最後一場好戲上演。」

老僧道：「江醜體態臃腫，肚囊肥大，活似直立蛤蟆。那些爛鬼各有分工，能說的、能唱的、會彈奏樂器的。一旦需要會見外賓，或為鎮壓法輪功造勢，爛鬼就會擺佈江鬼肉身，令其伶牙俐齒，又唱又跳。」

傳燈好奇，便問道：「何為無間地獄？」 老僧道：「無間地獄極廣極大。無間者，地獄之刑罰永不間斷者也。無間有五——」

「其一為『時無間』，即時間沒有間斷，日夜受罪，永無停止之時。」

「其二為『空無間』，受刑者全身每一處皆在受刑，毫無間斷。」

「其三為『罪器無間』，即刑罰的器具沒有間斷，不停用各式各樣的刑具用刑。」

「其四為『平等無間』，無論男女，亦不論前世身份，同樣平等無間，同樣要受刑。」

「其五為『生死無間』，受刑人每一刻既痛苦而死，但又活過來繼續受刑。生命在層層滅盡中的痛苦，永無停息。此為宇宙中最可怕之事了。」

傳燈聽老僧講法，對老僧言語深信不疑，次日下山尋了一本《轉法輪》，依法修行去了。

某年月日，全球審江大聯盟聯絡各國大法官組成陪審團，在天安門廣場對江澤民進行公審。陪審團宣讀江罪狀達上千頁，最後以叛國罪、貪污罪、酷刑罪、反人類罪、群體滅絕罪等等判處江澤民極刑。

話音剛落，一根繩索從天而降將江澤民從頭到腳牢牢捆住，倒掛在半空中，片刻之間，風雷大起。萬千閃電同時擊在江澤民的每一寸肌膚上，江澤民整個身軀全被雷火消滅殆盡，未留一點殘餘。

但聽得大街上爆竹響成一片，鑼鼓喧天。人人喜氣洋洋。傳燈至此方才明白那黃山老僧所言「丑角謝幕」之意。

彼時，傳燈已修行了一些時日，親往天安門見證江澤民下場，慶幸自己能得大法，口占一詩以言志：「……幸結法緣朝佛主，忍苦精進喜歸真……助師轉輪了洪願，掃滅群魔正乾坤。」

丑角

三腳蟾蜍現世丑　十惡俱全盡陰謀
此邪盡做丟人事　無德無才裝風流
中華五千文物齊　只欠此丑戲中秀

吟罷，心中甚喜，正思索間，忽然半空中飄下一幅黃絹，剛好在傳燈面前盤旋，傳燈接絹在手，見上面有六句詩，名為《丑角》。

（大結局）

江澤民其人連環畫集

原著：大紀元編輯部

改編：孟圓、屠龍

繪畫：佟舟、齊祥、孟圓

編輯：譚平

美術編輯：吳姿瑤

出版：博大國際文化有限公司

電話：886-2-2769-0599

網址：http://www.broadpressinc.com

台灣經銷商：采舍國際通路

地址：台北縣中和市中山路2段366巷10號3樓

Tel: 886-2-82458786

Fax: 886-2-82458718

華文網網路書店：http://www.book4u.com.tw

新絲路網路書店：http://www.silkbook.com

美國發行：博大書局(www.broadbook.com)

Address: 143-04 38th AVE. Flushing, NY 11354 USA

Telephone: 1-888-268-2698, 718-886-7080

Fax: 1-718-886-5979

Email: order@broadbook.com

規格：16.8cm × 22.8cm

國際書號：ISBN 978-986-85209-6-7 (平裝)

定價：新台幣 399 元

出版日期：2011年5月

國家圖書館出版品預行編目資料

江澤民其人連環畫集 / 大紀元編輯部原著：
孟圓、屠龍改編：佟舟、齊祥、孟圓繪畫.
一臺北市：博大國際文化, 2011.05
面：　公分
ISBN　978-986-85209-6-7(平裝)

1. 江澤民 2. 傳記 3.漫畫

782 887　　　　　　　　100009681